税务会计实训丛书

土地税业务实训

姜　敏　史迎春　主编

U0832289

北京大学出版社
PEKING UNIVERSITY PRESS

内 容 提 要

本书主要介绍耕地占用税、城镇土地使用税、土地增值税等方面的内容。

本书适用于企业税务会计人员，同时也可以作为干部税收业务的培训。

图书在版编目(CIP)数据

土地税业务实训/姜敏，史迎春主编. —北京：北京大学出版社，2012.1
(税务会计实训丛书)
ISBN 978-7-301-19900-8

Ⅰ. ①土… Ⅱ. ①姜…②史… Ⅲ. ①土地税－税收管理－中国
Ⅳ. ①F812.424

中国版本图书馆 CIP 数据核字（2011）第 260407 号

书　　名：土地税业务实训
著作责任者：姜　敏　史迎春　主编
责 任 编 辑：胡伟晔　王泽旗
标 准 书 号：ISBN 978-7-301-19900-8/F・2994
出 版 发 行：北京大学出版社
地　　址：北京市海淀区成府路 205 号　100871
网　　址：http://www.pup.cn
电 子 信 箱：zyjy@pup.cn
电　　话：邮购部 62752015　发行部 62750672　编辑部 62765126
　　　　　出版部 62754962
印 刷 者：河北滦县鑫华书刊印刷厂
经 销 者：新华书店
　　　　　650 毫米×980 毫米　16 开本　11.75 印张　199 千字
　　　　　2012 年 1 月第 1 版　2012 年 1 月第 1 次印刷
定　　价：24.00 元

税务会计实训丛书编委会

前　　言

为适应全国税务系统岗位专业知识和技能培训的需要，不断提高广大税务人员的业务素质，根据最新修订的耕地占用税、城镇土地使用税、土地增值税的相关法律法规，我们对土地税纳税申报业务进行了详细介绍，通过例题解析来帮助读者更好地了解土地税的业务流程，由此，编写了此书——《土地税业务实训》。

本书分为三章内容，包括耕地占用税、城镇土地使用税、土地增值税。本书以最新土地税政策为指导，旨在用最新政策为企业和相关财会人员解决土地税业务问题。

全书在编写过程中突出体现了如下特点。

第一，读者对象定位明确，针对企业税务会计人员。

第二，真正站在税务会计人员的立场上，想税务会计人员之所想，根据税务会计人员的特点和需要来设计体例和取舍内容，而不是从政府部门宣称、普及税法的角度。

第三，文字简洁、通俗易懂、短小精悍，用丰富的实例来讲解，避免晦涩难懂，使税务会计人员在有限的时间和精力里，获取到作为税务会计人员应知应会的全面知识。

本书适用于企业税务会计人员，同时也可以作为干部税收业务的培训。

因时间仓促以及编者水平有限，书中难免有不足之处，恳请广大读者热心指点，以便做进一步修改和完善。

编　者

2011 年 7 月

目　录

第1章

耕地占用税

1.1 耕地占用税概述

要点

耕地占用税是国家对占用耕地建房或者从事其他非农业建设的单位和个人，就其实际占用耕地面积征收的一种税，它属于对特定土地资源占用课税。本节主要介绍耕地占用税的特点及耕地占用税的改革。

解释

◆ **耕地占用税的特点**

1. 兼具资源税与特定行为税的特性

耕地占用税以占用农用耕地建房或从事其他非农业建设的行为为征税对象，以约束纳税人占用耕地的行为、促进土地资源的合理运用为课征目的，除具有资源占用税的属性外，还具有明显的特定行为税的特点。

2. 采用地区差别税率

耕地占用税采用地区差别税率，根据不同地区的具体情况，分别制定差别税额，以适应我国地域辽阔、各地区之间耕地质量差别较大、人均占用耕地面积相差悬殊的具体情况，具有因地制宜的特点。

3. 在占用耕地环节一次性课征

耕地占用税在纳税人获准占用耕地的环节征收，除对获准占用耕地后超过两年未使用者须加征耕地占用税外，此后不再征收耕地占用税。因此，耕地占用税具有一次性征收的特点。

4. 税收收入专用于耕地开发与改良

耕地占用税收入按规定应用于建立发展农业专项基金，主要用于开展宜耕土地开发和改良现有耕地之用，因此，具有“取之于地、用之于地”的补偿性特点。

◆ 耕地占用税的改革

《中华人民共和国耕地占用税暂行条例》自 2008 年 1 月 1 日起施行，与 1987 年发布并实施的旧条例相比，新条例有以下十个方面的改革。

（1）耕地概念。

关于“用于种植农作物的土地”，原条例规定的“占用前三年内曾用于种植农作物的土地，亦视为耕地”被删除。因为在实际征收中，抛荒了三年以上的耕地可能会被认为不是耕地，不予征税。

（2）比照范围。

原条例规定“占用鱼塘、园地、菜地及其他农业用地”比照征收耕地占用税，新条例则规定“占用林地、牧草地、农田水利用地、养殖水面以及渔业水域滩涂等其他农用地”比照征收耕地占用税，比照范围有所扩大。新条例同时明确了，占用比照的农用地，如果是用于建设直接为农业生产服务的生产设施，不征收耕地占用税。

（3）纳税人范围。

原条例规定“不适用于外商投资企业”，而新条例把外商投资企业和外国企业都包括在单位之内，纳入纳税人范围。

（4）税额标准。

人均耕地不超过 1 亩的地区，税额从每平方米 2～10 元提高到 10～50 元；人均耕地在 1～2 亩的地区，从每平方米 1.6～8 元提高到 8～40 元；人均耕地在 2～3 亩的地区，从每平方米 1.3～6.5 元提高到 6～30 元；人均耕地超过 3 亩的地区，从每平方米 1～5 元提高到 5～25 元。

引入“平均税额”的概念。平均税额由财政部、国家税务总局根据各省（自治区、直辖市）人均耕地面积和经济发展情况确定。省级人民政府在规定税额幅度内核定各县级行政区域的适用税额。省级人民政府核定的适用税额的平均水平，不得低于平均税额。这样，中央就可以以调整平均税额调控各省的适用税额。

基本农田税额标准超出一般耕地，为保护基本农田，新条例增加了一条规定，占用基本农田的，适用税额提高 50%。

（5）免税范围。

铁路线路、飞机场跑道和停机坪用地，炸药库用地免税被取消。铁路线路、公路线路、飞机场跑道、停机坪、港口、航道占用耕地，减按每平方米 2 元的税额征收耕地占用税，而且经有关部门报国务院批准，还可以免征或减征。

(6) 追征与退税。

新条例规定“免征或者减征耕地占用税后，纳税人改变原占地用途，不再属于免征或者减征耕地占用税情形的，应当按照当地适用税额补缴耕地占用税”。这是防止“偷梁换柱”逃避耕地占用税的有效措施。原条例规定“退还耕地的，已纳税款不予退还”。但新条例规定，“在批准临时占用耕地的期限内恢复所占用耕地原状的，全额退还已经缴纳的耕地占用税”。新条例的规定无疑更有利于保护耕地。

(7) 征收机关。

由原来的财政机关征收改为地税机关征收。

(8) 纳税程序。

原条例规定“经土地管理部门批准占用耕地之日起 30 日内缴纳耕地占用税”，是批准用地在前，纳税在后；而新条例规定“土地管理部门凭耕地占用税完税凭证或者免税凭证和其他有关文件发放建设用地批准书”，则是纳税或办理免税手续在前，批准用地在后。

(9) 滞纳金加收。

根据原条例，未按期纳税，按日加收应纳税款 0.5%的滞纳金；新条例规定，耕地占用税的征收管理，依照税收征收管理法(以下简称税收征管法)执行，而税收征管法规定滞纳金加收比例为每天万分之五，是原规定的 1/10。

(10) 征纳争议的解决程序。

按原条例规定，不管是纳税争议还是违章处理争议，纳税人都要先缴纳税款和滞纳金，然后申请复议，经复议仍然不服才能起诉。而新条例规定了适用税收征管法，则按税收征管法的规定，只有纳税争议是必经复议，对处罚决定可以不经复议而直接起诉。对于未缴纳税款及滞纳金，如果提供了相应的担保，也可以申请复议。

相关知识

◆ 我国耕地占用税的发展过程

耕地占用税按照税收分类属性，属于行为税，也就是对单位和个人建房或者从事其他非农业建设占用耕地的行为征收的税。

我国是人均耕地少、耕地后备资源严重不足的国家。长期以来，我国城乡非农业生产建设乱占滥用耕地的情况相当严重，极大地影响了农业特别是粮食生产的发展。为了合理利用土地资源，加强土地管理，保护农用耕地，1987 年 4 月 1 日国务院发布《中华人民共和国耕地占用税暂行条例》。

该条例的实施在约束、调节纳税人占用耕地的行为，限制占用耕地从事非农业建设，以及促进土地资源合理利用等方面，发挥了积极的作用。

据有关数据显示，1982—1986 年的 5 年间，全国耕地每年减少 600 万亩。开征耕地占用税后，各项非农业建设占用耕地呈逐年减少的趋势，有效控制了耕地占用的规模和速度。由于当时国家还没有开征土地出让金，耕地占用税在用地成本中的比例通常在 20%左右，调节作用十分显著。但在随后的近 20 年内，我国经济经历了一个高速发展时期，根据当时背景确定的税率，现在看来已明显偏低，耕地占用税保护耕地的作用日益弱化，调节职能的发挥也受到了制约。耕地占用税在用地成本中所占的比例越来越低，2006 年对全国 40 个重点城市的抽样调查显示，这一比例均不到 1%。

耕地占用税征收范围偏窄、税负偏轻、税负不公的问题也日益突出，其保护耕地的作用日益弱化，调节职能的发挥也受到了制约。为了解决原耕地占用税所存在的问题，充分发挥其调节作用，作为加强耕地保护，缓解我国耕地资源紧缺问题和土地供需矛盾的政策“组合拳”的一部分，国务院于 2007 年 12 月 1 日批准了《中华人民共和国耕地占用税暂行条例》(修订案)(简称“新条例”)，并以国务院令形式加以发布，该条例自 2008 年 1 月 1 日起施行。

1.2 耕地占用税的征税范围及税额计算

要 点

耕地占用税的纳税义务人是占用耕地建房或从事非农业建设的单位和个人。其中，单位包括国有企业、集体企业、私营企业、股份制企业、外商投资企业、外国企业以及其他企业和事业单位、社会团体、国家机关、军事以及其他单位；个人包括个体工商户以及其他个人。本节主要介绍耕地占用税的征税范围、耕地占用税的计税依据、耕地占用税的税额标准及耕地占用税应纳税额计算。

解 释

◆ **耕地占用税的征税范围**

耕地占用税的征税范围包括纳税人为建房或从事其他非农业建设而占用的国家所有和集体所有的耕地。

“耕地”是指种植农业作物的土地，包括菜地、园地。其中，园地包括花圃、苗圃、茶园、果园、桑园和其他种植经济林木的土地。

占用鱼塘及其他农用土地建房或从事其他非农业建设，也视同占用耕地，必须依法征收耕地占用税。占用已开发从事种植、养殖的滩涂、草原、水面和林地等从事非农业建设，由省、自治区、直辖市本着有利于保护土地资源和生态平衡的原则，结合具体情况确定是否征收耕地占用税。

◆ 耕地占用税的计税依据

耕地占用税以纳税人实际占用的耕地面积为计税依据，按照规定的适用税额一次性征收。实际占用的耕地面积，包括经批准占用的耕地面积和未经批准占用的耕地面积。

◆ 耕地占用税的税额标准

耕地占用税的税额规定如下：

(1) 人均耕地不超过1亩的地区(以县级行政区域为单位)，每平方米为10元至50元；

(2) 人均耕地超过1亩但不超过2亩的地区，每平方米为8元至40元；

(3) 人均耕地超过2亩但不超过3亩的地区，每平方米为6元至30元；

(4) 人均耕地超过3亩的地区，每平方米为5元至25元。

国务院财政、税务主管部门根据人均耕地面积和经济发展情况确定各省、自治区、直辖市的平均税额。

◆ 耕地占用税应纳税额计算

耕地占用税以纳税人实际占用的耕地面积为计税依据，以每平方米土地为计税单位，按适用的定额税率计税。其计算公式为：

应纳税额＝实际占用耕地面积(平方米)×适用定额税率

相关知识

◆ 加成征收耕地占用税的情况

经济特区、经济技术开发区和经济发达且人均耕地特别少的地区，适用税额可以适当提高，但是提高的部分最高不得超过《耕地占用税暂行条例》第五条第三款规定的当地适用税额的50%。

占用基本农田的，适用税额应当在《耕地占用税暂行条例》第五条第三款、第六条规定的当地适用税额的基础上提高50%。

基本农田，是指依据《基本农田保护条例》划定的基本农田保护区范围内的耕地。

实例详解

【例 1-1】 房产企业应纳税额的计算

A 房地产开发企业经土地管理部门批准征用耕地 12 000 平方米用于房地产开发，当地省级人民政府规定的耕地占用税适用税额为 20 元/平方米，则该企业应该缴纳的耕地占用税为多少？

【分析】

应纳税额＝12 000×20＝240 000(元)

该企业实际向征收机关申报缴纳这笔税收时，应做如下会计分录：

借：开发成本　　　　240 000

　　贷：银行存款　　　　240 000

【例 1-2】 企业自建厂房应纳税额的计算

某新建服装厂征用一块面积为 3 万平方米的耕地建厂，当地核定的单位税额为 20 元/平方米。计算该厂应纳耕地占用税并做会计分录。

【分析】

应纳税额＝30 000×20＝600 000(元)

在筹建期间计提税金时

借：长期待摊费用——开办费　　　　600 000

　　贷：应交税费——应交耕地占用税　　　　600 000

开始生产经营当月

借：管理费用　　　　600 000

　　贷：长期待摊费用——开办费　　　　600 000

若该厂不作为建设单位而作为生产企业时

借：在建工程　　　　600 000

　　贷：应交税费——应交耕地占用税　　　　600 000

1.3 耕地占用税的优惠政策

要　点

税收的优惠主要有免征和减征两方面。本节主要介绍免征耕地占用税的情况和减征耕地占用税的情况。

解 释

◆ 免征耕地占用税的情况

(1) 军事设施占用耕地。

军事设施,具体范围包括:

① 地上、地下的军事指挥、作战工程;

② 军用机场、港口、码头;

③ 营区、训练场、试验场;

④ 军用洞库、仓库;

⑤ 军用通信、侦察、导航、观测台站和测量、导航、助航标志;

⑥ 军用公路、铁路专用线,军用通信、输电线路,军用输油、输水管道;

⑦ 其他直接用于军事用途的设施。

(2) 学校、幼儿园、养老院、医院占用耕地。

学校,具体范围包括县级以上人民政府教育行政部门批准成立的大学、中学、小学、学历性职业教育学校以及特殊教育学校。

学校内经营性场所和教职工住房占用耕地的,按照当地适用税额缴纳耕地占用税。

幼儿园,具体范围限于县级人民政府教育行政部门登记注册或者备案的幼儿园内专门用于幼儿保育、教育的场所。

养老院,具体范围限于经批准设立的养老院内专门为老年人提供生活照顾的场所。

医院,具体范围限于县级以上人民政府卫生行政部门批准设立的医院内专门用于提供医护服务的场所及其配套设施。

医院内职工住房占用耕地的,按照当地适用税额缴纳耕地占用税。

◆ 减征耕地占用税的情况

(1) 铁路线路、公路线路、飞机场跑道、停机坪、港口、航道占用耕地,减按每平方米 2 元的税额征收耕地占用税。飞机场内飞行区范围的其他建设用地,按照当地适用税额征收耕地占用税。

根据实际需要,国务院财政、税务主管部门商国务院有关部门并报国务院批准后,可以对前款规定的情形免征或者减征耕地占用税。

(2) 农村居民占用耕地新建住宅,按照当地适用税额减半征收耕地占用税。

农村烈士家属、残疾军人、鳏寡孤独以及革命老根据地、少数民族聚居区和边远贫困山区生活困难的农村居民,在规定用地标准以内新建住宅缴纳耕地占用税确有困难的，经所在地乡（镇）人民政府审核，报经县级人民政府批准后，可以免征或者减征耕地占用税。

免征或者减征耕地占用税后，纳税人改变原占地用途，不再属于免征或者减征耕地占用税情形的，应当按照当地适用税额补缴耕地占用税。

对于未经批准占用耕地但已经完纳耕地占用税税款的，在补办占地手续时，不再征收耕地占用税。

相关知识

◆ **耕地占用税的征收管理**

耕地占用税由地方税务机关负责征收。土地管理部门在通知单位或者个人办理占用耕地手续时，应当同时通知耕地所在地同级地方税务机关。获准占用耕地的单位或者个人应当在收到土地管理部门的通知之日起 30 日内缴纳耕地占用税。土地管理部门凭耕地占用税完税凭证或者免税凭证和其他有关文件发放建设用地批准书。

纳税人临时占用耕地，应当按照规定缴纳耕地占用税。纳税人在批准临时占用耕地的期限内恢复所占用耕地原状的，全额退还已经缴纳的耕地占用税。

占用林地、牧草地、农田水利用地、养殖水面以及渔业水域滩涂等其他农用地建房或者从事非农业建设的，按照规定征收耕地占用税。

1.4 耕地占用税的申报缴纳及会计处理

要 点

纳税申报是指纳税人、扣缴义务人按照法律、行政法规的规定，在申报期限内就纳税事项向税务机关书面申请的一种法定手续。税款缴纳是指税务机关按照税法规定将纳税人应缴纳的税款收缴入库的法定制度。本节主要介绍耕地占用税纳税申报义务发生时间、纳税地点及耕地占用税纳税会计处理。

解 释

◆ **耕地占用税纳税申报义务发生时间、纳税地点**

经批准占用耕地的，耕地占用税纳税义务发生时间为纳税人收到土地管理部门办理占用农用地手续通知的当天。

未经批准占用耕地的，耕地占用税纳税义务发生时间为纳税人实际占用耕地的当天。

纳税人占用耕地或其他农用地，应当在耕地或其他农用地所在地申报纳税。

◆ 耕地占用税纳税会计处理

企业购建固定资产缴纳的耕地占用税的会计核算，按是否形成固定资产价值，分为两种处理方法。

（1）企业购建固定资产缴纳的耕地占用税，计入固定资产价值的，企业应做如下会计分录：

① 计提工程项目应缴纳的耕地占用税时

借：在建工程

　　贷：应交税金——应交耕地占用税

② 缴纳耕地占用税时

借：应交税金——应交耕地占用税

　　贷：银行存款

（2）企业缴纳的耕地占用税，不形成固定资产价值的部分，计入管理费用。企业应做如下会计分录：

① 计提工程项目应缴纳的耕地占用税时

借：管理费用

　　贷：应交税金——应交耕地占用税

② 缴纳耕地占用税时

借：应交税金——应交耕地占用税

　　贷：银行存款

相关知识

◆ 耕地占用税纳税申报表

耕地占用税纳税申报表

申报时间：______年____月____日　　　　金额单位：元(列至角、分)

纳税人名称		税务计算机代码	
联系地址		联系电话	
开户银行		银行账号	
建设项目名称			

续表

批准占地文号				批准占地日期	
占地位置				批准占地面积	
计税面积 (m^2)	适用税额	计征税额	减免面积 (m^2)	减免税额	应纳税额
申报减免理由					
纳税人签章：		法人代表签章：		申报人(授权委托人)签章：	

填表说明：

1. 本申报表适用耕地占用税纳税人填报。此表一式两份，一份报送税务机关，一份纳税人留存

2. 计税面积：纳税人实际占用的耕地面积

3. 适用税额：按建设项目所在区县的适用税额，为三挡：每平方米 7 元、每平方米 8 元、每平方米 9 元

4. 计征税额＝计税面积×适用税额

5. 减免面积：符合政策规定减免税范围的面积

6. 减免税额＝减免面积×适用税额

7. 应纳税额＝计征税额－减免税额

8. 纳税人办理纳税申报涉及减免事项的，须报送用地批文、市发展和改革委员会的批准立项文书、项目建设平面图的复印件以及因情况特殊、复杂情况等按税务机关要求须提供的其他证明资料，税务机关须留存一份。

实例详解

【例 1-3】 某工厂 2010 年 6 月份经批准征用耕地 5 000 平方米用于建设厂房，当地政府规定的耕地占用税税额为 5 元/平方米，做会计分录。

【分析】

实际向征收机关申报缴纳耕地占用税时做如下会计分录：

借：在建工程　　25 000

　　贷：银行存款　　25 000

【例 1-4】 房地产开发企业经土地管理部门批准征用耕地 18 000 平方米用于房地产开发。当地政府规定的耕地占用税税额为 6 元/平方米，做会计分录。

【分析】

实际向征收机关申报缴纳耕地占用税时做如下会计分录：

借：开发成本　　108 000

　贷：银行存款　　108 000

实战训练

一、单项选择题

1. 耕地占用税按照税收分类属性，属于(　　)，也就是对单位和个人建房或者从事其他非农业建设占用耕地的行为征收的税。

A. 行为税　　B. 流转税

C. 印花税　　D. 契税

2. 耕地占用税在用地成本中所占的比例越来越低，2006 年对全国 40 个重点城市的抽样调查显示，这一比例均不到(　　)。

A. 1%　　B. 2%

C. 3%　　D. 4%

3. 耕地占用税的纳税义务人是占用耕地建房或从事非农业建设的(　　)。

A. 单位　　B. 个人

C. 单位和个人　　D. 集体

4.《耕地占用税暂行条例》第六条规定，经济特区、经济技术开发区和经济发达且人均耕地特别少的地区，适用税额可以适当提高，但是提高的部分最高不得超过本条例第五条第三款规定的当地适用税额的(　　)。

A. 20%　　B. 30%

C. 50%　　D. 60%

5.《耕地占用税暂行条例》第七条规定，占用基本农田的，适用税额应当在本条例第五条第三款、第六条规定的当地适用税额的基础上提高(　　)。

A. 20%　　B. 30%

C. 50%　　D. 60%

6. 耕地占用税由地方税务机关负责征收，获准占用耕地的单位或者个人应当在收到土地管理部门的通知之日起(　　)日内缴纳耕地占用税。

A. 7　　B. 10

C. 15　　D. 30

7. 铁路线路、公路线路、飞机场跑道、停机坪、港口、航道占用耕地，减按每平方米（　　）元的税额征收耕地占用税。

A. 2　　B. 5

C. 7　　D. 10

8.《耕地占用税暂行条例实施细则》第三十一条规定，未经批准占用耕地的，耕地占用税纳税义务发生时间为纳税人实际占用耕地的（　　）。

A. 当天　　B. 第2天

C. 第3天　　D. 第5天

二、多项选择题

耕地占用税的纳税义务人是占用耕地建房或从事非农业建设的单位和个人。其中，单位包括（　　）。

A. 国有企业　　B. 集体企业

C. 股份制企业　　D. 私营企业

三、判断题

1. 耕地占用税收入按规定应用于建立发展农业专项基金，主要用于开展宜耕土地开发和改良现有耕地之用。（　　）

2. 新条例规定，耕地占用税的征收管理，依照税收征收管理法执行，而税收征管法规定滞纳金加收比例为每天万分之五，是原规定的1/5。（　　）

3. 耕地占用税的征税范围包括纳税人为建房或从事其他非农业建设而占用的国家所有和集体所有的耕地。（　　）

4. 耕地占用税以纳税人实际占用的耕地面积为计税依据，按照规定的适用税额一次性征收。（　　）

5. 免征或者减征耕地占用税后，纳税人改变原占地用途，属于免征或者减征耕地占用税情形的，应当按照当地适用税额补缴耕地占用税。（　　）

6. 纳税人临时占用耕地，应当按照规定缴纳耕地占用税。（　　）

四、问答题

1. 简述耕地占用税的含义。

2. 对比新旧条例，可以看出耕地占用税有十个方面的改革，具体的内容包括哪些？

3. 耕地占用税的税额是如何规定的？

4.《耕地占用税暂行条例》第八条规定，免征耕地占用税的情形包括军事设施占用耕地及学校、幼儿园、养老院、医院占用耕地。其中，军事设施的具体范围包括哪些？

五、计算题

1. 某新建印刷厂征用一块面积为6万平方米的耕地建厂，当地核定的单位税额为30元/平方米。计算该厂应纳耕地占用税并做会计分录。

2. 某房地产开发企业经土地管理部门批准征用耕地26 000平方米用于房地产开发，当地省级人民政府规定的耕地占用税适用税额为30元/平方米，计算该企业应缴纳的耕地占用税并做会计分录。

3. 某玩具厂2010年10月份经批准征用耕地6 000平方米用于建设厂房，当地政府规定的耕地占用税税额为8元/平方米，则写出实际向征收机关申报缴纳耕地占用税时应做出的会计分录。

4. 某大型游乐场开发企业经土地管理部门批准征用耕地23 000平方米用于场地开发建设，当地政府规定的耕地占用税税额为8元/平方米，则写出实际向征收机关申报缴纳耕地占用税时应做出的会计分录。

第2章

城镇土地使用税

2.1 城镇土地使用税的概念及纳税人

要 点

土地是国家的宝贵资源，是人类赖以生存和从事生产的必不可少的物质条件。我国人多地少，珍惜土地、节约用地是一项基本国策。开征城镇土地使用税有利于合理使用城镇土地。本节主要介绍城镇土地使用税的概念、城镇土地使用税的作用、城镇土地使用税的征税范围、城镇土地使用税的纳税人。

解 释

◆ 城镇土地使用税的概念

城镇土地使用税是以城镇土地为征税对象，对拥有土地使用权的单位和个人征收的一种税。

城镇土地使用税法，是指国家为了合理利用城镇土地，调节土地级差收入，提高土地使用效益，加强土地管理，制定的用以调整城镇土地使用税征收与缴纳之间权利及义务关系的法律规范。

◆ 城镇土地使用税的作用

(1) 用经济手段加强对土地的控制和管理，变土地的无偿使用为有偿使用，调节不同地区、不同地段之间的土地级差收入，使各纳税人的收入水平大体均衡。

(2) 促进节约使用土地，提高土地的使用效益。

(3) 有利于企业加强经济核算，有利于理顺国家与土地使用者之间的分配关系，增加财政收入，促进税制改革及地方税收体系的建立。

◆ 城镇土地使用税的征税范围

城镇土地使用税的征税范围包括在城市、县城、建制镇和工矿区内的国家所有和集体所有的土地。

上述城市、县城、建制镇和工矿区分别按以下标准确认：

（1）城市是指经国务院批准设立的市；

（2）县城是指县人民政府所在地；

（3）建制镇是指经省、自治区、直辖市人民政府批准设立的建制镇；

（4）工矿区是指工商业比较发达，人口比较集中，符合国务院规定的建制镇标准，但尚未设立建制镇的大中型工矿企业所在地，工矿区须经省、自治区、直辖市人民政府批准。

上述城镇土地使用税的征税范围中，城市的土地包括市区和郊区的土地，县城的土地是指县人民政府所在地的城镇的土地，建制镇的土地是指镇人民政府所在的土地。

建立在城市、县城、建制镇和工矿区以外的工矿企业则不需缴纳城镇土地使用税。

◆ 城镇土地使用税的纳税人

在城市、县城、建制镇、工矿区范围内使用土地的单位和个人，为城镇土地使用税（简称土地使用税）的纳税人。其中，单位包括国有企业、集体企业、私营企业、股份制企业、外商投资企业、外国企业以及其他企业和事业单位、社会团体、国家机关、军队以及其他单位；个人包括个体工商户以及其他个人。

城镇土地使用税的纳税人通常包括：

（1）拥有土地使用权的单位和个人；

（2）拥有土地使用权的单位和个人不在土地所在地的，其土地的实际使用人和代管人为纳税人；

（3）土地使用权未确定或权属纠纷未解决的，其实际使用人为纳税人；

（4）土地使用权共有的，共有各方都是纳税人，由共有各方分别纳税。

几个人或几个单位共同拥有一块土地的使用权，这块土地的城镇土地使用税的纳税人应是对这块土地拥有使用权的每一个人或每一个单位。他们应以其实际使用的土地面积占总面积的比例，分别计算缴纳土地使用税。

相关知识

◆ 现行城镇土地使用税存在的问题

现行城镇土地使用税主要存在以下问题：

(1) 征税范围小,只在城市、县城、建制镇和工矿区范围内征收,不符合城乡一体化,城市与农村的界限日渐模糊的客观形势;

(2) 税额幅度标准低,不能适应经济发展的需要;

(3) 纳税义务人确定标准复杂,不够确切,执行中容易出现误差;

(4) 税收管理权限较为集中,地方管理权限小,不利于地方根据本地区经济发展和财政收支的需要与可能,制定适合本地区需要的经济政策。

◆ 我国城镇土地使用税制度的沿革及其改革方向

1. 城镇土地使用税制度的沿革

城镇土地使用税是国家在城市、县城、建制镇、工矿区范围内,对使用土地的单位和个人,以其实际占用的土地面积为计税依据,按照规定的税额计算征收的一种税。我国宪法规定,土地属于国家或集体所有,私人和单位只能拥有使用权,不能拥有土地的所有权。

根据宪法的规定,1984 年《中华人民共和国土地使用税条例(草案)》对我国建国初期房地产税征收情况做了调整,将地产税从房地产税中划分出来,单独立法,改名为土地使用税。1988 年 9 月 27 日国务院发布《中华人民共和国城镇土地使用税暂行条例》,并从当年 11 月开始实施。2006 年 12 月 31 日,国务院又发布了在原《城镇土地使用税暂行条例》的基础上加以修订的新条例,并规定于 2007 年 1 月 1 日开始实施。新条例提高了城镇土地使用税的税额幅度,并明确了对外商投资企业和外国企业征收城镇土地使用税。

2. 改革的方向

(1) 扩大征税范围。

将城镇土地使用税在“城市、县城、建制镇和工矿区范围内征收”改为在“中华人民共和国境内”征收,扩大开征区范围。范围扩大后,只对直接用于农、林、牧、渔、种植、养殖业生产用地以及农民的住宅及院落用地免税。对非农业生产经营用地征税能够促进纳税人减少占地,提高土地使用效率,有利于保护地方资源,增加土地收益。

(2) 调整税额幅度。

随着经济发展和物价指数的变化,原有的税额幅度现已难以起到调节土地级差收益、保护土地资源的作用。适当调整税额幅度,有利于发挥土地使用税的调节职能,增加财政收入,减少土地资源的浪费。

(3) 适当放开土地使用税的地方管理权限。

原税法明确规定“纳税人纳税确有困难需定期减免的由省、自治区、直辖市税务机关审核,报国家税务局批准”。我国幅员辽阔,全国各地情况不同，国家不能将所有的问题都统一规定，尤其土地使用税是地方税种，税制改革后应当赋予地方以较大的管理权限，以促进地方经济的发展。

2.2　城镇土地使用税的计算

要　点

本节主要介绍城镇土地使用税的计税依据、城镇土地使用税的税额及城镇土地使用税应纳税额的计算。

解　释

◆ 城镇土地使用税的计税依据

城镇土地使用税以纳税人实际占用的土地面积为计税依据，土地面积计量标准为每平方米。即税务机关根据纳税人实际占用的土地面积，按照规定的税额计算应纳税额，向纳税人征收土地使用税。

纳税人实际占用的土地面积按下列办法确定：

(1) 由省、自治区、直辖市人民政府确定的单位组织测定土地面积的，以测定的面积为准；

(2) 尚未组织测量，但纳税人持有政府部门核发的土地使用证书的，以证书确认的土地面积为准；

(3) 尚未核发土地使用证书的，应由纳税人申报土地面积，据以纳税，待核发土地使用证以后再做调整。

◆ 城镇土地使用税的税额

土地使用税每平方米年税额如下：

(1) 大城市 1.5～30 元；

(2) 中等城市 1.2～24 元；

(3) 小城市 0.9～18 元；

(4) 县城、建制镇、工矿区 0.6～12 元。

省、自治区、直辖市人民政府，应当在规定的税额幅度内，根据市政建设状况、经济繁荣程度等条件，确定所辖地区的适用税额幅度。

市、县人民政府应当根据实际情况，将本地区土地划分为若干等级，在省、自治区、直辖市人民政府确定的税额幅度内，制定相应的适用税额标准，报省、自治区、直辖市人民政府批准执行。

经省、自治区、直辖市人民政府批准，经济落后地区土地使用税的适用税额标准可以适当降低，但降低额不得超过规定的最低税额的30%。经济发达地区土地使用税的适用税额标准可以适当提高，但须报经财政部批准。

◆ 城镇土地使用税应纳税额的计算

城镇土地使用税的应纳税额可以通过纳税人实际占用的土地面积乘以该土地所在地段的适用税额求得。其计算公式为：

全年应纳税额＝实际占用应税土地面积(平方米)×适用税额

实例详解

【例 2-1】 应纳税额的计算

设在C城市的某企业使用土地面积为23 000平方米，经税务机关核定，该土地为应税土地，每平方米年税额为4元。请计算其全年应纳的城镇土地使用税税额。

【分析】

全年应纳城镇土地使用税税额＝23 000×4＝92 000(元)

【例 2-2】 应纳税额的账务处理

威天集团生产经营占地面积为30 000平方米，其中幼儿园占地1 000平方米，厂区绿化占地3 000平方米。该土地为一级土地，城镇土地使用税的单位税额为每平方米24元。该企业按年计算、半年预缴城镇土地使用税。请计算该企业2010年7月1日至12月31日应该缴纳的城镇土地使用税。

【分析】

计算应纳城镇土地使用税

威天集团所使用的30 000平方米土地中，幼儿园占地1 000平方米可免税，但厂区绿化占地不免税。

应纳城镇土地使用税税额＝实际占用的土地面积×适用税额

＝(30 000－1 000)×24÷2＝348 000(元)

2.3 城镇土地使用税的优惠政策

要　点

本节主要介绍免征城镇土地使用税的情况、特殊用地征免税界限和政策性减免税照顾的情况及减征城镇土地使用税的情况。

解　释

◆ 免征城镇土地使用税的情况

（1）国家机关、人民团体、军队自用的土地。这部分土地是指这些单位本身的办公用地和公务用地。如国家机关、人民团体的办公楼用地，军队的训练场用地等。

（2）由国家财政部门拨付事业经费的单位自用的土地。这部分土地是指这些单位本身的业务用地。如学校的教学楼、操场、食堂等占用的土地。

（3）宗教寺庙、公园、名胜古迹自用的土地。宗教寺庙自用的土地，是指举行宗教仪式等的用地和寺庙内的宗教人员生活用地。公园、名胜古迹自用的土地，是指供公共参观游览的用地及其管理单位的办公用地。

以上单位的生产、经营用地和其他用地，不属于免税范围，应按规定缴纳土地使用税，如公园、名胜古迹中附设的营业单位如影剧院、饮食部、茶社、照相馆等使用的土地。

（4）市政街道、广场、绿化地带等公共用地。

（5）直接用于农、林、牧、渔业的生产用地。这部分用地是指直接从事于种植、养殖、饲养的专业用地，不包括农副产品加工场地和生活办公用地。

（6）经批准开山填海整治的土地和改造的废弃土地，从使用的月份起免缴土地使用税5～10年。

具体免税期限由各省、自治区、直辖市地方税务局在《城镇土地使用税暂行条例》规定的期限内自行确定。

（7）对非营利性医疗机构、疾病控制机构和妇幼保健机构等卫生机构自用的土地，免征城镇土地使用税。对营利性医疗机构自用的土地自2000年起免征城镇土地使用税3年。

（8）企业办的学校、医院、托儿所、幼儿园，其用地能与企业其他用地明确区分的，免征城镇土地使用税。

（9）免税单位无偿使用纳税单位的土地（如公安、海关等单位使用铁路、民航等单位的土地），免征城镇土地使用税。纳税单位无偿使用免税单位的土地，纳税单位应照章缴纳城镇土地使用税。纳税单位与免税单位共同使用、共有使用权土地上的多层建筑，对纳税单位可按其占用的建筑面积占建筑总面积的比例计征城镇土地使用税。

（10）对行使国家行政管理职能的中国人民银行总行（含国家外汇管理局）所属分支机构自用的土地，免征城镇土地使用税。

◆ 特殊用地征免税界限和政策性减免税照顾的情况

为了体现国家的产业政策，支持重点产业的发展，对石油、电力、煤炭等能源用地，民用港口、铁路等交通用地和水利设施用地，三线调整企业、盐业、采石场、邮电等一些特殊用地划分了征免税界限和给予政策性减免税照顾。具体规定如下。

(1) 对企业的铁路专用线、公路等用地，在厂区以外、与社会公用地段未加隔离的，暂免征收城镇土地使用税。

(2) 对企业厂区以外的公共绿化用地和向社会开放的公园用地，暂免征收城镇土地使用税。

(3) 对火电厂厂区围墙外的灰场、输灰管、输油(气)管道、铁路专用线用地、水源用地以及热电厂供热管道用地免征城镇土地使用税；厂区围墙外的其他用地，应照章征税。电力项目建设期间纳税有困难的，由省、自治区、直辖市税务局审核后，报国家税务局批准减免。对供电部门的输电线路用地、变电站用地，免征城镇土地使用税。

(4) 对水利设施及其管护用地(如水库库区、大坝、堤防、灌渠、泵站等用地)，免征土地使用税；其他用地，如生产、办公、生活用地，应照章征收城镇土地使用税。对兼有发电的水利设施用地征免城镇土地使用税问题，比照电力行业征免土地使用税的有关规定办理。

(5) 对机场飞行区(包括跑道、滑行道、停机坪、安全带、夜航灯光区)用地，场内外通信导航设施用地和飞行区四周排水防洪设施用地，免征城镇土地使用税。机场道路，区分为场内、场外道路，场内道路用地免征城镇土地使用税。

(6) 中国石油天然气总公司所属单位下列油气生产建设用地暂免征收城镇土地使用税：石油地质勘探、钻井、井下作业、油田地面工程等施工临时用地；各种采油(气)井、注水(气)井、水源井用地；油田内办公、生活区以外的公路、铁路专用线及输油(气、水)管道用地；石油长输管线用地；通信、输变电线路用地；在城市、县城、建制镇以外工矿区内的下列油气生产、生活用地，也暂免征收城镇土地使用税。具体包括：与各种采油(气)井相配套的地面设施用地，包括油气采集、计量、接转、储运、装卸、综合处理等各种站的用地；与注水(气)井相配套的地面设施用地，包括配水、取水、转水以及供气、配气、压气、气举等各种场所用地；供(配)电、供排水、消防、防洪排涝、防风、防沙等设施用地；职工和家属居住的简易房屋、活动板房、野营房、帐篷等用地。

(7) 对煤炭企业的矸石山、排土场用地，防排水沟用地，矿区办公、生活区以外的公路、铁路专用线及轻便道和输变电线路用地，炸药库库房外安全区用地，向社会开放的公园及公共绿化带用地，暂免征收城镇土地使用税。对煤炭企业的塌陷地、荒山，在利用之前，暂缓征收城镇土地使用税。对煤炭企业的报废矿井占地，经煤炭企业申请，当地税务机关审核，可以暂免征收城镇土地使用税。

(8) 对矿山的采矿场、排土场、尾矿库、炸药库的安全区、采区运矿及运岩公路、尾矿输送管道及惠水系统用地，免征城镇土地使用税。对矿山企业采掘地下矿造成的塌陷地以及荒山占地，在利用之前，暂免征收城镇土地使用税。

(9) 港口的码头(即泊位，包括岸边码头、伸入水中的浮码头、堤岸、堤坝、栈桥等)用地，免征城镇土地使用税。对港口的露天堆货场用地，原则上应征收城镇土地使用税，企业纳税确有困难的，可由省、自治区、直辖市地方税务局根据其实际情况给予定期减征或免征城镇土地使用税的照顾。

(10) 对盐场的盐滩、盐矿的矿井用地，暂免征收城镇土地使用税。

(11) 中国海洋石油总公司及其所属公司下列用地，暂免征收城镇土地使用税：导管架、平台组块等海上结构物建造用地；码头用地；输油气管线用地；通信天线用地；办公、生活区以外的公路、铁路专用线、机场用地。

(12) 建材行业的石灰厂、水泥厂、大理石厂、砂石厂等企业的采石场、排土场地，炸药库的安全区用地以及采区运岩公路。

在城镇土地使用税征收范围内利用林场土地兴建度假村等休闲娱乐场所的，其经营、办公和生活用地，应按规定征收城镇土地使用税。

(13) 对林业系统所属林区的育林地、运材道、防火道、防火设施用地，免征城镇土地使用税。林业系统的森林公园、自然保护区，可以比照公园免征土地使用税。

(14) 自 2007 年 1 月 1 日起，在城镇土地使用税征收范围内经营采摘、观光农业的单位和个人，其直接用于采摘、观光的种植、养殖、饲养的土地，根据《中华人民共和国城镇土地使用税暂行条例》第六条中“直接用于农、林、牧、渔业的生产用地”的规定，免征城镇土地使用税。

(15) 自 2007 年 9 月 10 日起，对核电站的核岛、常规岛、辅助厂房和通信设施用地(不包括地下线路用地)，生活、办公用地按规定征收城镇土地使用税，其他用地免征城镇土地使用税。对核电站应税土地在基建期内减半征收城镇土地使用税。

(16) 自 2009 年 1 月 1 日至 2011 年 6 月 30 日向居民供热而收取采暖费的“三北地区”供热企业(指热力产品生产企业和热力产品经营企业,其中热力产品生产企业包括专业供热企业、兼营供热企业和自供热单位)为居民供热所使用的厂房及土地继续免征房产税、城镇土地使用税。对免征城镇土地使用税的“生产占地”,是指上述企业为居民供热所实际使用的生产用房及土地。对既向居民供热,又向单位供热或者兼营其他生产经营活动的供热企业,按其在一个公历年度内向居民供热取得的采暖费收入占企业总收入的比例(以下简称免税比例)免征房产税和城镇土地使用税。计算公式如下:

免征税额=年应纳税额×免税比例

(17) 对廉租住房、经济适用住房建设用地以及廉租住房经营管理单位按照政府规定价格、向规定保障对象出租的廉租住房用地,免征城镇土地使用税。

(18) 自 2008 年 3 月 1 日起,对个人出租住房,不区分用途,免征城镇土地使用税。

◆ 减征城镇土地使用税的情况

下列土地由省、自治区、直辖市地方税务局确定减免土地使用税。

(1) 个人所有的居住房屋及院落用地。

(2) 房产管理部门在房租调整改革前经租的居民住房用地。

(3) 免税单位职工家属的宿舍用地。

(4) 民政部门举办的安置残疾人占一定比例的福利工厂用地。

(5) 集体和个人办的各类学校、医院、托儿所、幼儿园用地。

(6) 对基建项目在建期间使用的土地,原则上应照章征收城镇土地使用税。但对有些基建项目,特别是国家产业政策扶持发展的大型基建项目占地面积大,建设周期长,在建期间又没有经营收入,为照顾其实际情况,对纳税人纳税确有困难的,可由各省、自治区、直辖市地方税务局根据具体情况予以免征或减征土地使用税。

(7) 城镇内的集贸市场(农贸市场)用地,按规定应征收城镇土地使用税。为了促进集贸市场的发展及照顾各地的不同情况,各省、自治区、直辖市地方税务局可根据具体情况自行确定对集贸市场用地征收或者免征城镇土地使用税。

(8)《国家税务局关于印发〈关于土地使用税若干具体问题的补充规定〉的通知》(国税地字[1989]第 140 号)规定,房地产开发公司建造商品房的用地,原则上应按规定计征城镇土地使用税。但在商品房出售之前纳税确有困难的，其用地是否给予缓征或减征、免征照顾，可由各省、自治区、直辖市地方税务局根据从严的原则结合具体情况确定。

《关于房产税、城镇土地使用税有关政策规定的通知》(国税发[2003]89号)明确规定"对房地产开发企业建造的商品房，在售出前，不征收房产税；但对售出前房地产开发企业已使用或出租、出借的商品房应按规定征收房产税"。这一原则也适用于城镇土地使用税，该文件第二条第四项规定："房地产开发企业自用、出租、出借本企业建造的商品房，自房屋使用或交付之次月起计征房产税和城镇土地使用税。"据此，对于房地产开发企业正在开发建设的土地，不管是否办理了土地使用权证(按照法律规定应当办理)，在房屋建设以及销售过程中，无须缴纳城镇土地使用税。但对房地产开发企业将本企业建造的商品房自用、出租、出借的，在建期间不用缴纳城镇土地使用税，应当自房屋使用或交付之次月起计算缴纳房产税和城镇土地使用税。

国家税务总局于2004年8月17日又下发了《关于进一步加强城镇土地使用税和土地增值税征收管理工作的通知》(国税发[2004]100号)，其规定："除经批准开发建设经济适用房的用地外，对各类房地产开发用地一律不得减免城镇土地使用税。"因此，从该文件下发之日起，对于非开发建设经济适用房的用地，应当缴纳城镇土地使用税。

(9) 原房管部门代管的私房，落实政策后，有些私房产权已归还给房主，但由于各种原因，房屋仍由原住户居住，并且住户仍是按照房管部门在房租调整改革之前确定的租金标准向房主交纳租金。对这类房屋用地，房主缴纳土地使用税确有困难的，可由各省、自治区、直辖市地方税务局根据实际情况，给予定期减征或免征城镇土地使用税的照顾。

(10) 对于各类危险品仓库、厂房所需的防火、防爆、防毒等安全防范用地，可由各省、自治区、直辖市地方税务局确定，暂免征收城镇土地使用税。

(11) 企业搬迁后原场地不使用的、企业范围内荒山等尚未利用的土地，免征城镇土地使用税。免征税额由企业在申报缴纳城镇土地使用税时自行计算扣除，并在申报表附表或备注栏中作相应说明。

对搬迁后原场地不使用的和企业范围内荒山等尚未利用的土地，凡企业申报暂免征收城镇土地使用税的，应事先向土地所在地的主管税务机关报送有关部门的批准文件或认定书等相关证明材料，以备税务机关查验。具体报送材料由各省、自治区、直辖市和计划单列市地方税务局确定。

企业按上述规定暂免征收城镇土地使用税的土地开始使用时，应从使用的次月起自行计算和申报缴纳城镇土地使用税。

(12) 经贸仓库、冷库均属于征税范围，因此不宜一律免征城镇土地使用税。对纳税确有困难的企业，可根据《城镇土地使用税暂行条例》第七条的规定，向企业所在地的地方税务机关提出减免税申请，由省、自治区、直辖市地方税务局审核后，报国家税务总局批准，享受减免城镇土地使用税的照顾。

(13) 对房产管理部门在房租调整改革前经租的居民住房用地，考虑到在房租调整改革前，房产管理部门经租居民住房收取的租金标准一般较低，许多地方纳税确有困难的实际情况而确定的一项临时性照顾措施。房租调整改革后，房产管理部门经租的居民住房用地(不论是何时经租的)，都应缴纳城镇土地使用税。至于房租调整改革后，有的房产管理部门按规定缴纳城镇土地使用税确有实际困难的，可按税收管理体制的规定，报经批准后再给予适当的减征或免征土地使用税的照顾。

(14) 考虑到中国物资储运总公司所属物资储运企业的经营状况，对中国物资储运总公司所属的物资储运企业的露天货场、库区道路、铁路专用线等非建筑用地免城镇土地使用税问题，可由省、自治区、直辖市地方税务局按照下述原则处理：对经营情况好、有负税能力的企业，应恢复征收城镇土地使用税；对经营情况差、纳税确有困难的企业，可在授权范围内给予适当减免城镇土地使用税的照顾。

(15) 自2009年1月1日起至2010年12月31日，对商品储备管理公司及其直属库承担商品储备业务自用的房产、土地，免征房产税、城镇土地使用税。

2009年1月1日以后已缴上述应予免税的税款，从企业应缴纳的相应税款中抵扣，2010年度内抵扣不完的，按有关规定予以退税。

(16) 自2009年12月1日起，对在城镇土地使用税征税范围内单独建造的地下建筑用地，按规定征收城镇土地使用税。其中，已取得地下土地使用权证的，按土地使用权证确认的土地面积计算应征税款；未取得地下土地使用权证或地下土地使用权证上未标明土地面积的，按地下建筑垂直投影面积计算应征税款。对上述地下建筑用地暂按应征税款的50%征收城镇土地使用税。

(17) 对股改铁路运输企业及合资铁路运输公司自用的房产、土地暂免征收房产税和城镇土地使用税。

其中，股改铁路运输企业是指铁路运输企业经国务院批准进行股份制改革成立的企业；合资铁路运输公司是指由铁道部及其所属铁路运输企业与地方政府、企业或其他投资者共同出资成立的铁路运输企业。

(18) 财税[2010]121号，关于安置残疾人就业单位城镇土地使用税问题：为促进残疾人就业，国家税务总局在1988年下发的《国家税务局关于土地使用税若干具体问题的解释和暂行规定》(国税地字[1988]15号)中明确，对民政部门举办的安置残疾人占一定比例的福利工厂用地，可由省级税务机关确定征免城镇土地使用税。但随着政府职能的转变，实施政企分开，民政部门不再直接举办福利工厂。与此同时，随着福利事业的社会化，残疾人就业的单位逐步拓展到经济、社会的各个领域，一些企事业单位承担起了安置残疾人就业的社会责任。

为了继续贯彻促进残疾人就业的精神，保持政策的连续性，应对安置残疾人就业单位的城镇土地使用税政策重新明确。为此，参照营业税、企业所得税、增值税等税种的现行优惠政策，结合城镇土地使用税自身特点，将减免税条件设定为：在一个纳税年度内月平均实际安置残疾人就业人数占单位在职职工总数的比例高于25%(含25%)且实际安置残疾人人数高于10人(含10人)。考虑到此前福利工厂城镇土地使用税具体征免税是授权各省(区)确定的，为保持政策及管理的适当衔接，通知还规定具体减免税比例及管理办法仍由各地确定。

相关知识

◆ 城镇土地使用税的征收管理

土地使用税按年计算，分期缴纳。缴纳期限由省、自治区、直辖市人民政府确定。

新征用的土地，根据下列规定缴纳土地使用税：

(1) 征用的耕地，自批准征用之日起满1年时开始缴纳土地使用税；

(2) 征用的非耕地，自批准征用次月起缴纳土地使用税。

土地使用税由土地所在地的税务机关征收。土地管理机关应当向土地所在地的税务机关提供土地使用权属资料。

土地使用税的征收管理，根据《中华人民共和国税收征收管理法》及《城镇土地使用税暂行条例》的规定执行。

土地使用税收入纳入财政预算管理。

《城镇土地使用税暂行条例》的实施办法由省、自治区、直辖市人民政府制定。

2.4 城镇土地使用税的申报缴纳及会计处理

要 点

本节主要介绍城镇土地使用税纳税义务的发生时间、城镇土地使用税的纳税期限、城镇土地使用税纳税地点及城镇土地使用税会计处理。

解 释

◆ 城镇土地使用税纳税义务的发生时间

使用城镇土地，通常是从次月起发生纳税义务，只有新征用耕地是在批准使用之日起满1年时开始纳税。

(1) 纳税人购置新建商品房，自房屋交付使用之次月起，缴纳城镇土地使用税。

(2) 纳税人购置存量房，自办理房屋权属转移、变更登记手续，房地产权属登记机关签发房屋权属证书之次月起，缴纳城镇土地使用税。

(3) 纳税人出租、出借房产，自交付出租、出借房产之次月起，缴纳城镇土地使用税。

(4) 以出让或转让方式有偿取得土地使用权的，应由受让方从合同约定交付土地时间的次月起交纳城镇土地使用税；合同未约定交付时间的，由受让方从合同签订的次月起缴纳城镇土地使用税。

(5) 纳税人新征用的耕地，自批准征用之日起满1年时开始缴纳土地使用税。

(6) 纳税人新征用的非耕地，自批准征用次月起缴纳土地使用税。

(7) 自2009年1月1日起，纳税人因土地的权利发生变化而依法终止城镇土地使用税纳税义务的，其应纳税款的计算应截止到土地权利发生变化的当月末。

◆ 城镇土地使用税的纳税期限

城镇土地使用税实行按年计算、分期缴纳的征收方法，具体纳税期限由省、自治区、直辖市人民政府确定。

◆ 城镇土地使用税纳税地点

城镇土地使用税的纳税地点为土地所在地，由土地所在地的税务机关负责征收。纳税人使用的土地不属于同一市(县)管辖范围内的，由纳税人分别向土地所在地的税务机关申报缴纳。在同一省(自治区、直辖市)管辖范围内,纳税人跨地区使用的土地,由各省、自治区、直辖市税务局确定纳税地点。

◆ 城镇土地使用税会计处理

企业按税法规定缴纳的土地使用税,通过“管理费用——应交城镇土地使用税”和“应交税金——应交城镇土地使用税”科目核算。

月份终了,企业按规定计算出当月应负担的土地使用税。其计提税款时

借:管理费用——应交城镇土地使用税

  贷:应交税金——应交城镇土地使用税

上交税款时,

借:应交税金——应交城镇土地使用税

  贷:银行存款

相关知识

◆ 城镇土地使用税纳税申报表

城镇土地使用税纳税申报表

填表日期:_____年____月____日　　　　金额单位:元(列至角分)

纳税人识别号 □□□□□□□□□□□□□□□

纳税人名称										税款所属时期					
房产坐落地点															
坐落地点	上期占地面积	本期增减	本期实际占地面积	法定免税面积	应税面积	土地等级		适用税额		年应缴税额	缴纳次数	本期			
												应纳税额	已纳税额	应补(退)税额
1	2	3	4=2+3	5	6=4−5	7	8	9	10	11=7×9+8×10	12	13=11+12	14	15=13−14
合计														

续表

<table>
<tr><td colspan="2">如纳税人填报，由纳税人填写以下各栏</td><td colspan="4">如委托代理人填报，由代理人填写以下各栏</td></tr>
<tr><td rowspan="3">会计主管
（签章）</td><td rowspan="3">纳税人
（公章）</td><td>代理人名称</td><td></td><td colspan="2" rowspan="2">代理人
（公章）</td></tr>
<tr><td>代理人地址</td><td></td></tr>
<tr><td>经办人姓名</td><td></td><td>电话</td><td></td></tr>
<tr><td colspan="6">以下由税务机关填写</td></tr>
<tr><td colspan="4">收到申报表日期</td><td>接收人</td><td></td></tr>
</table>

本表为16开竖式

填表说明：

1. 本表适用于中国境内城镇土地使用税纳税人填报。
2. 纳税人识别号是纳税人在办理税务登记证时由主管税务机关确定的税务编码。
3. 坐落地点：土地管理部门已核发土地证的，应根据土地证填写。
4. 土地等级按照纳税人占用的土地所在地、县、市人民政府划分的土地等级填列。
5. 本期变动栏，增加用蓝笔填写，减少用红笔填写。
6. 本期实际占用土地面积：上期占地面积＋本期增减数。
7. 本表一式三联，第一联纳税人保存，第二联由主管税务机关留存，第三联税务机关做税收会计原始凭证。

实例详解

【例 2-3】 D房地产开发公司在县城占用土地6 000平方米。若县城每平方米年纳税额为2元，则该企业年应纳城镇土地使用税为12 000元，每季应纳税额3 000元。会计处理如下：

(1) 季末提取城镇土地使用税时

借：管理费用——应交城镇土地使用税　　3 000

　　贷：应交税金——应交城镇土地使用税　　3 000

(2) 次季初将已计提城镇土地使用税解缴入库时

借：应交税金——应交城镇土地使用税　　3 000

　　贷：银行存款　　3 000

【例 2-4】 C企业在市中心占用土地15 000平方米。若市中心土地单位税额每平方米年应纳税额为4元，则该企业年应纳城镇土地使用税为60 000元，每月应纳税额为5 000元。会计处理如下：

(1) 提取城镇土地使用税时

借：管理费用——应交城镇土地使用税　　5 000

　　贷：应交税金——应交城镇土地使用税　　5 000

(2) 次月初上交税款时

借：应交税金——应交城镇土地使用税　　5 000
　贷：银行存款　　5 000

2.5　城镇土地使用税节税技巧

要　点

城镇土地使用税是大多数经营者都会涉及的，而且不论企业盈亏，实行按年计征。只要占用城镇土地生产经营，每年都要缴纳城镇土地使用税。城镇土地使用税可以利用征税范围和优惠政策进行节税。

解　释

◆ 利用征税范围进行节税筹划

对城镇土地使用税进行筹划可以从征税范围上入手，我国土地使用税的征税范围有限，只选择在企业分布比较密集的城镇地区课征，范围包括城市、县城、建制镇和工矿区，但不包括广大农村。

◆ 利用优惠政策进行节税筹划

纳税人可以充分利用城市、县城、建制镇和工矿区的废弃土地或进行开山填海利用土地，以获得免税机会。可以安置残疾人员的企业，应尽量考虑提高残疾人员占企业总人数的比例，达到比例限额，不但能减免城镇土地使用税，还能减免企业所得税。自用地免税的单位，如果改为经营用地，则免税条件消失，所以必须统筹考虑。

实例详解

【例 2-5】　A 市某农产品加工厂位于市区，每年缴纳的有关税款较多，并且原材料的供应也不稳定。该厂占地 95 000 平方米，决策层拟用在市区的土地与某农业开发公司位于农村的交通便利的相同面积的土地进行置换，置换的价差，正好用于扩建厂房，相关的税收也相应减少(市区城镇土地使用税适用税率为 18 元/平方米)。

【分析】

方案一：置换前，应纳城镇土地使用税额＝95 000×18＝1 710 000(元)

方案二：置换后，由于地处农村，该企业每年应纳的城镇土地使用税为零。

可节省城镇土地使用税 1 710 000 元。

【例 2-6】 B企业厂区外有一块 30 000 平方米的闲置空地，由于位置不好，目前的开发价值不大。据了解该地区的年城镇土地使用税为 5 元/平方米，则企业一年需为该地负担城镇土地使用税为 30 000×5＝150 000 元。

【分析】

根据上述情况，该企业可将此空地改造成公共绿化用地。据初步预算，改造绿化用地需投资 60 000 元，假设该企业预计 3 年后开发该块土地，则三年可节省城镇土地使用税为 150 000×3－60 000＝390 000 元。

同时，改造绿地也美化了环境，为周边居民和企业职工做了件好事，有利于提高企业美誉。

实战训练

一、单项选择题

1. 根据宪法的规定，(　　)年《中华人民共和国土地使用税条例(草案)》对我国建国初期房地产税征收情况做了调整，将地产税从房地产税中划分出来，单独立法，改名为土地使用税。

A. 1983　　B. 1984

C. 1985　　D. 1986

2. 1988 年 9 月 27 日国务院发布《中华人民共和国城镇土地使用税暂行条例》，并从当年(　　)月开始实施。

A. 9　　B. 10

C. 11　　D. 12

3.《城镇土地使用税暂行条例》第五条规定，经省、自治区、直辖市人民政府批准，经济落后地区土地使用税的适用税额标准可以适当降低，但降低额不得超过规定的最低税额的(　　)。

A. 20%　　B. 30%

C. 40%　　D. 50%

4. 税收优惠政策规定，经批准开山填海整治的土地和改造的废弃土地，从使用的月份起免缴土地使用税(　　)年。

A. 1～2　　B. 2～3

C. 3～5　　D. 5～10

5. 税收优惠政策规定，对营利性医疗机构自用的土地自 2000 年起免征城镇土地使用税(　　)年。

A. 1　　B. 2

C. 3　　D. 5

二、判断题

1. 城镇土地使用税是以城镇土地为征税对象，对拥有土地使用权的单位和个人征收的一种税。（　）

2. 我国宪法规定，土地属于国家或集体所有，私人和单位也能拥有使用权，但不能拥有土地的所有权。（　）

3. 城镇土地使用税是国家在城市、县城、建制镇、工矿区范围内，对使用土地的单位和个人，以其实际占用的土地面积为计税依据，按照规定的税额计算征收的一种税。（　）

4. 对城镇土地使用税进行筹划可以从征税范围上入手，我国土地使用税的征税范围有限，只选择在企业分布比较密集的城镇地区课征，范围包括城市、县城、建制镇和工矿区，但不包括广大农村。（　）

5. 城镇土地使用税只对国内的单位和个人征收，但是，偶尔也对外资企业和个人征收。（　）

三、问答题

1. 现行城镇土地使用税存在的问题是什么？

2. 城镇土地使用税的征税范围包括在城市、县城、建制镇和工矿区内的国家所有和集体所有的土地。以上城市、县城、建制镇和工矿区应分别按什么标准确认？

3. 城镇土地使用税（简称土地使用税）的纳税人是在城市、县城、建制镇、工矿区范围内使用土地的单位和个人，其中，单位和个人包括什么？

4. 城镇土地使用税的纳税人实际占用的土地面积应按什么办法确定？

5. 城镇土地使用税采用定额税率，即采用有幅度的差别税额，按大、中、小城市和县城、建制镇、工矿区分别规定每平方米土地使用税年应纳税额，其具体的标准是什么？

6.《城镇土地使用税暂行条例》第九条规定，新征用的土地，应按照什么规定缴纳土地使用税？

四、计算题

某企业使用土地面积为 56 000 平方米，经税务机关核定，该土地为应税土地，每平方米年税额为 12 元。请计算其全年应纳的城镇土地使用税税额。

第3章

土地增值税

3.1　土地增值税概述

要　点

土地增值税是对有偿转让国有土地使用权及地上建筑物和其他附着物产权(以下简称转让房地产),取得增值收入的单位和个人征收的一种税。土地属于不动产,对土地课税是一种古老的税收形式,也是当代各国普遍征收的一种财产税。本节主要介绍土地增值税的特点、土地增值税的作用。

解　释

◆ 土地增值税的特点

1. 以转让房地产的增值额为计税依据

增值额为纳税人转让房地产的收入,减除税法规定准予扣除的项目金额后的余额。土地增值税的增值额与增值税的增值额有所不同,土地增值税的增值额以征税对象的全部销售收入额扣除与其相关的成本、费用、税金及其他项目金额后的余额,与会计核算中计算会计利润的方法基本相似。增值税的增值额只扣除与其销售额直接相关的进货成本价格。

2. 征税面比较广

凡在我国境内转让房地产并取得收入的单位和个人,除税法规定免税以外的,均应依照《土地增值税暂行条例》规定缴纳土地增值税。

3. 实行超率累进税率

土地增值税的税率是以转让房地产增值率的高低为依据来确认的,按照累进原则设计,实行分级计税。增值率是以收入总额扣除相关项目金额后的余额再除以扣除项目合计金额,增值率高的,税率高、多纳税;增值率低的,税率低、少纳税。

4. 实行按次征收

土地增值税在房地产发生转让的环节,实行按次征收,每发生一次转让行为,就应根据每次取得的增值额征一次税。

◆ 土地增值税的作用

1. 增强国家对房地产开发和房地产交易市场的调控

改革开放前，我国土地管理制度一直采取行政划拨方式，不允许进行土地买卖，既没有地产交易行为，也不存在地产交易市场。实践证明，这种土地管理制度不利于提高土地资源的使用效率。改革开放后，对土地使用管理制度逐步实行了改革，打破了无偿使用、不准买卖的老规定，确立了有偿使用、允许转让使用权的政策和制度。新的土地使用政策和管理制度的实施，从根本上促进了我国房地产开发和房地产交易市场的发展。这对于合理配置土地资源，提高土地使用效率，增加政府财政收入，改善城市基础设施和人民生活居住条件，以及带动国民经济相关产业的发展，都产生了积极作用。

但是，由于有关土地管理的各项制度还有待完善，对土地及房地产市场的管理也有待改进，我国在房地产业的发展中也出现了一些问题，主要是房地产开发过热，一度炒买、炒卖房地产的投机行为盛行，房地产价格上涨过猛，投入房地产的资金规模过大，国家土地资源浪费较严重，国有土地资源收益流失过多。既影响和危害了国民经济的健康、协调发展，又造成了社会分配不公。在这种情况下，我国决定借鉴其他国家和地区的有益做法，开征土地增值税，利用税收杠杆对房地产业的开发、经营和房地产市场进行适当调控，抑制房价的过快上涨，以保护房地产业和房地产市场的健康发展，控制投资规模，促进土地资源的合理利用，调节部分单位和个人通过炒买、炒卖房地产取得的高额收入。

2. 有利于国家抑制炒买、炒卖土地获取暴利的行为

土地收益主要来源于土地的增值，土地的增值有自然增值和投资增值。

(1) 自然增值，即由于土地资源是有限的，而随着经济建设的发展，生产和生活建设用地扩大，土地资源相对紧缺，导致土地价格上升，这是土地增值的主要原因。

(2) 投资增值，即投入资金开发建造，把“生地”变成“熟地”，建成各种生产、生活、商业用设施，形成土地增值。

土地资源属国家所有，国家为土地的完整而不受侵犯投入了巨额资金，国家应参与土地增值收益分配，并取得较大份额。

同时，对房地产开发者投资、开发房地产取得的合理收益，应当予以保护，使其能够得到一定的回报，以促进房地产业的正常发展。然而有些地区单纯出于招商引资或急于求成搞建设，盲目开发并竞相压低国家土

地批租价格，给炒买、炒卖者留下空间，导致国家土地增值收益流失严重，极大地损害了国家利益。统一对土地增值收益征税，有利于堵住这方面的漏洞，减少国家土地资源增值收益的流失，遏制投机者牟取暴利的行为，保护房地产正当开发者的合法权益，维护国家整体收益。

3. 增加国家财政收入，为经济建设积累资金

1993 年年底以前，我国涉及房地产交易市场的税费，主要有营业税、企业所得税、个人所得税、契税和土地增值费等。1994 年 1 月 1 日起对土地增值收益征收土地增值税，增加了国家财政收入的新财源。分税制财政体制实施后，土地增值税收入属于地方政府的财政收入，为地方政府积累经济建设资金起到了积极的作用。

相关知识

◆ 现行土地增值税存在的问题

1. 征收缺乏一定的规范性

根据有关规定，“新建房及配套设施的成本、费用，或者旧房及建筑物的评估价格”可以从转让房地产所取得的收入中扣除，但规定中所称的“成本、费用”却没有明确的计算标准，在操作上伸缩性太大，在一定程度上导致了当前房地产业的土地增值税的征收难度较大。

2. 税制设计过于复杂，难以操作，税率设置有一定的漏洞

(1) 土地增值税的计税依据为房地产转让收入减去法定扣除项目以后的余额，即增值额。房地产转让收入包括货币性收入、实物性收入和其他收入，而实务性收入和其他收入通常很难核定。扣除项目中也有很大一部分项目，如建筑安装工程费、房地产开发的间接费用等，难以通过土地管理部门核实。税务部门要准确核实这些项目金额，不仅技术上存在着一定的困难，也会造成很大的课税成本，这在一定程度上也打击了征管机关征收土地增值税的积极性。

(2) 土地增值税税率的设置也存在着漏洞。“四级超率累进税率”表面上看是加大了征收力度，压缩了开发商的利润空间。但仔细分析便不难发现，增值额越大，利润率越大。

因此，目前的土地增值税政策，难以抑制房产开发公司通过提高房价来进一步提高利润率的冲动。

3. 房地产管理体制存在缺陷

在房产与地产分开管理的体制下，房地产交易中心缺乏与国土部门的及时沟通，必然导致一些房地产交易规避国土管理部门的监管、逃避土

地增值税的缴纳。

◆ 我国土地增值税的沿革及政策取向

1. 土地增值税的沿革

土地增值税是对有偿转让国有土地使用权、地上建筑物及其他附着物产权，并取得增值收益的单位和个人征收的一种税。

20 世纪 80 年代后期，随着房地产业的迅速发展，房地产市场初具规模并逐渐完善，但同时也出现了国有土地收益大量流失、开发利用率低、过度炒买、炒卖等诸多问题。为了配合国家宏观经济政策，规范房地产市场行为，1993 年 12 月 13 日国务院正式颁布了《中华人民共和国土地增值税暂行条例》（以下简称《土地增值税暂行条例》），并于 1994 年 1 月 1 日开始实施。

1995 年 1 月 27 日财政部又发布了《中华人民共和国土地增值税暂行条例实施细则》（以下简称《实施细则》）并于发布之日起施行。但由于房地产业的特殊性，企业成本核算比较复杂，并且条例中相关规定不太明确，这一阶段，土地增值税并没有充分发挥出应有的调节作用。

从 1999 年以后，由深圳开始试点实行土地增值税预征制度，即由企业每年按照项目销售总额的 1%～3%预缴，在整个项目最后结算时，多退少补，该办法到 2006 年年底，在各地基本完全实施。但预征办法也存在着一些问题，导致大量土地增值税税款流失。

2006 年 12 月 26 日国家税务总局下发了《关于房地产开发企业土地增值税清算管理有关问题的通知》，该通知进一步明确房地产开发企业土地增值税进行清算式缴纳的适用范围，将土地增值税由预征改为清算，细化了清算办法，加强了土地增值税征收的可操作性。

2. 改革的政策取向

（1）促进相关部门的密切合作。

税务部门与房产、土地管理部门应密切合作，制定严格的规范，加大对纳税人逃避纳税的惩罚力度，提高其逃税成本。土地增值税的征收涉及房地产交易价格与原房地产价格的评估或确认、法定扣除项目调查和核实等工作，需要房产、土地管理部门的密切配合，积极提供房地产产籍、产权交易等相关信息，建立起一个高效、准确的房地产信息系统。

（2）简化土地增值税制，确定适度的税率。

从“税收节约原则”角度来说，应简化土地增值税制，以降低税务部门的课税成本和纳税义务人的纳税成本。

3.2 土地增值税的纳税人

要 点

凡是有偿转让我国国有土地使用权、地上建筑物及附着物(简称转让房地产)产权,并且取得收入的单位和个人,为土地增值税的纳税义务人。本节主要介绍土地增值税的纳税人及征税范围。

解 释

◆ 土地增值税的纳税人

土地增值税的纳税人具体包括国有企业、集体企业、私营企业、外商投资企业和外国企业;机关、团体、部队、事业单位、个体工商户及其他单位和个人;外国机构、华侨、港澳台同胞及外国公民。

◆ 土地增值税的征税范围

土地增值税的纳税范围是转让国有土地使用权;地上的建筑物及附着物连同国有土地使用权一并转让。

"转让"是指以出售或其他方式进行的有偿转让,不包括以继承、赠与方式进行的无偿转让。出租房地产行为、受托代建工程,由于产权没有转移,不属于纳税范围。

土地增值税纳税范围的具体界定包括以下几点。

(1) 以出售方式转让国有土地使用权、地上建筑物及附着物,应计算缴纳土地增值税。具体分以下三种情况:

① 出售国有土地使用权是指土地使用者通过出让方式,向政府缴纳了土地出让金,有偿受让土地使用权后,仅对土地进行通水、通电、通路和平整地面等土地开发,不进行房产开发,然后直接将空地出售;

② 取得国有土地使用权后进行房屋开发建造,然后出售,即通常所说的房地产开发;

③ 存量房地产的买卖,是指已经建成并已投入使用的房地产,其房屋产权和土地使用权一并转让给其他单位和个人。

(2) 以继承、赠与方式转让房地产。因其只发生房地产产权转让,没有取得相应的收入,属于无偿转让房地产的行为,不缴纳土地增值税。这里的"继承"是指法定继承;"赠与"仅指将房地产赠与直系亲属或承担直接赡养义务的人以及通过中国境内非营利性社会团体、国家机关进行的公益性赠与。

(3) 房地产出租。出租人虽取得了收入,但没有发生房产产权、土地使用权的转让,不缴纳土地增值税。

(4) 房地产抵押。房地产在抵押期间未发生权属的变更,不缴纳土地增值税,抵押期满后,发生房地产权属转让的,缴纳土地增值税。

(5) 房地产交换。房地产的交换既发生了房产产权、土地使用权的转移,交换双方又取得了实物形态的收入,应缴纳土地增值税。对个人互换自有居住用房地产的,经核实,可免缴土地增值税。

(6) 以房地产投资入股进行合资或联营。投资方将房地产转移到所投资的企业,暂免缴纳土地增值税。被投资企业将上述房地产再转让时,应缴纳土地增值税。

(7) 房地产的联建。房地产的联建是以转让部分土地使用权来换取新建成房屋部分产权的行为,建成后按比例分房自用的,暂免缴纳土地增值税;建成后转让的,应缴纳土地增值税。

(8) 房地产的重新评估。对房地产重新评估后升值的,因未发生房地产权属转移,土地使用人也未取得收入,不缴纳土地增值税。

相关知识

◆ **如何准确界定土地增值税的征税范围**

(1) 土地增值税是对转让国有土地使用权及其地上建筑物和附着物的行为征税,转让的土地,其使用权是否为国家所有,是判定是否属于土地增值税征税范围的标准之一。土地增值税只对转让国有土地使用权的行为课税,转让非国有土地和出让国有土地的行为均不征税。

国有土地使用权是指土地使用人根据国家法律、合同等规定,对国家所有的土地享受的使用权利。土地增值税只对企业、单位和个人等经济主体转让国有土地使用权的行为课税。对属于集体所有的土地,按现行规定须先由国家征用后才能转让。

根据《中华人民共和国土地管理法》,国家为了公共利益,可以依照法律规定征用集体土地,依法被征用后的土地属于国家所有。未经国家征用的集体土地不得转让。自行转让集体土地是一种违法行为,应由有关部门依照相关法律来处理,而不应纳入土地增值税的征税范围。

(2) 土地增值税是对国有土地使用权及其地上的建筑物和附着物的转让行为征税,土地使用权、地上建筑物及其附着物的产权是否发生转让是判定是否属于土地增值税征税范围的标准之二。该标准有以下两层含义。

① 土地增值税的征税范围不包括国有土地使用权出让所取得的收入。国有土地出让是指国家以土地所有者的身份将土地使用权在一定年限内让与土地使用者,并有土地使用者向国家支付土地出让金的行为。土地使用权的转让,属于土地增值税的征税范围。

② 土地增值税的征税范围不包括未转让土地使用权、房产产权的行为。是否发生房地产权属(指土地使用权和房产产权)的变更,是确定是否纳入征税范围的一个标准,凡土地使用权、房产产权未转让的(如房地产的出租、自建自用房产),不征收土地增值税。

(3) 土地增值税是对转让房地产并取得收入的行为征税,是否取得收入是判定是否属于土地增值税征税范围的标准之三。

土地增值税的征税范围不包括房地产的权属虽转让但未取得收入的行为。如以继承、赠与等方式无偿转让的房地产,虽然房地产的权属发生了变更,但权属人并没有取得收入,因此也不征收土地增值税。

不征土地增值税的房地产赠与行为包括以下两种情况:

① 房产所有人、土地使用权所有人将房屋产权、土地使用权赠与直系亲属或承担直接赡养义务人的行为;

② 房产所有人、土地使用权所有人通过中国境内非营利的社会团体、国家机关将房屋产权、土地使用权赠与教育、民政和其他社会福利、公益事业的行为。

需要强调的是,无论是单独转让国有土地使用权,还是房屋产权与国有土地使用权一并转让的,只要取得收入,均属于土地增值税的征税范围,应对之征收土地增值税。

3.3 土地增值税的计算

要点

土地增值税税率设计的基本原则是增值多的多征,增值少的少征,无增值的不征,对建造普通标准住房适当照顾。本节主要介绍土地增值税的税率、土地增值税应税收入、土地增值税扣除项目、旧房及建筑物的计算及土地增值税应纳税额的计算。

解　释

◆ 土地增值税的税率

土地增值税实行四级超率累进税率：

(1) 增值额未超过扣除项目金额50%的部分，税率为30%；

(2) 增值额超过扣除项目金额50%、未超过扣除项目金额100%的部分，税率为40%；

(3) 增值额超过扣除项目金额100%、未超过扣除项目金额200%的部分，税率为50%；

(4) 增值额超过扣除项目金额200%的部分，税率为60%。

上列四级超率累进税率，每级“增值额未超过扣除项目金额”的比例，均包括本比例数。土地增值税四级超率累进税率表，如表3-1所示。

表3-1　土地增值税四级超率累进税率表

级数	增值额与扣除项目金额的比率	税率(%)	速算扣除系数(%)
1	不超过50%的部分	30	0
2	超过50%～100%的部分	40	5
3	超过100%～200%的部分	50	15
4	超过200%的部分	60	35

增值额是指土地增值税纳税人转让房地产所取得的收入减除规定的扣除项目金额后的余额。增值额是计算土地增值税的根本。

增值额与扣除项目金额的比值称为增值率，土地增值税实行四级超率累进税率，增值率越大适用税率越高。

◆ 土地增值税应税收入

根据《土地增值税暂行条例》及其《实施细则》的规定，纳税人转让房地产取得的应税收入，应包括转让房地产的全部价款及有关的经济收益。从收入的形式来看，包括货币收入、实物收入和其他收入。

(1) 货币收入。

货币收入是指纳税人转让房地产而取得的现金、银行存款、银行支票、银行本票和汇票等各种信用票据和国库券、金融债券、企业债券和股票等有价证券。货币收入通常比较容易确定。对取得的外币收入，应按取得收入当天或当月1日国家公布的外汇汇率折合成人民币计算应税收入。

(2) 实物收入。

实物收入是指纳税人转让房地产而取得的各种实物形态的收入,如钢材、水泥等建材,房屋、土地等不动产。实物收入的价值不太容易确定,通常要对这些实物形态的财产按公允价值进行估价确认。

(3) 其他收入。

其他收入是指纳税人转让房地产而取得的无形资产收入或具有财产价值的权利,如专利权、商标权、著作权、专有技术使用权、土地使用权和商誉等。这种类型的收入比较少见,其价值需要进行专门的评估。

《国家税务总局关于土地增值税清算有关问题的通知》(国税函[2010]220号文件,以下简称《通知》)规定,在土地增值税清算时,已全额开具商品房销售发票的,按照发票所载金额确认收入;未开具发票或未全额开具发票的,以交易双方签订的销售合同所载的售房金额及其他收益确认收入。销售合同所载商品房面积与有关部门实际测量面积不一致,在清算前已发生补、退房款的,应在计算土地增值税时予以调整。

◆ 土地增值税扣除项目

计算土地增值税的应纳税额,并不是直接对转让房地产所取得的收入征税,而是要对收入额减除国家规定的各项扣除项目金额后的余额计算征税,这项余额就是纳税人在转让房地产中所获取的增值额。

从转让房地产中获取的增值额是计算土地增值税的核心。因此,要计算增值额,首先必须确定扣除项目。房地产开发企业办理土地增值税清算时,计算与清算项目有关的扣除项目金额,应根据《土地增值税暂行条例》第六条及其实施细则第七条的规定执行。除另有规定外,扣除取得国有土地使用权所支付的金额、房地产开发成本、费用及与转让房地产有关税金,须提供合法有效凭证;不能提供合法有效凭证的,不予扣除。

税法准予纳税人从转让收入额中减除的扣除项目包括以下几项。

1. 取得国有土地使用权时所支付的金额

取得国有土地使用权时所支付的金额是指纳税人为取得国有土地使用权所支付的地价款和按国家统一规定缴纳的有关费用。具体包括以下两方面的内容。

(1) 纳税人为取得国有土地使用权所支付的地价款。

① 如果是以协议、招标、拍卖等出让方式取得国有土地使用权的,地价款为纳税人所支付的土地出让金。

② 如果是以行政划拨方式取得国有土地使用权的,地价款为按照国家有关规定补交的土地出让金。

③ 如果是以转让方式取得国有土地使用权的，地价款为向原国有土地使用权人实际支付的地价款。

(2) 纳税人在取得国有土地使用权时按国家统一规定缴纳的有关费用。

有关税费是指纳税人在取得国有土地使用权过程中为办理有关手续，按国家统一规定缴纳的有关登记、过户手续费和契税等。

在《土地增值税暂行条例》及其实施细则中，没有规定契税该如何扣除，这也是在计算扣除项目金额时一个有争议的问题。《国家税务总局房地产开发经营业务企业所得税处理办法》(国税发[2009]31 号文件)规定了契税计入"开发成本——土地征用及拆迁补偿费"，此项规定是否适用于土地增值税仍没有说明。《通知》(国税函[2010]220 号文件)做出了明确规定："房地产开发企业为取得土地使用权所支付的契税，应视同按国家统一规定交纳的有关费用，计入取得土地使用权所支付的金额中扣除。"这样规定，使得在计算土地增值税时契税不但可以扣除，而且还可以作为有关费用享受附加扣除的规定。

2. 房地产开发成本

房地产开发成本是指纳税人房地产开发项目实际发生的成本，包括土地的征用及拆迁补偿费、前期工程费、建筑安装工程费、基础设施费、公共配套设施费和开发间接费用等。

(1) 土地征用及拆迁补偿费。

土地征用及拆迁补偿费包括土地征用费，耕地占用税，大市政配套费，土地变更用途和超面积补交的地价及相关税费，劳动力安置费及有关地上、地下附着物拆迁补偿的净支出，安置动迁用房支出，农作物补偿费和危房补偿费等。

《国务院办公厅转发建设部等部门关于做好稳定住房价格工作意见的通知》(国办发[2005]26 号文件)规定："为加大对闲置土地的清理力度，切实制止囤积土地行为，严格执行法律规定，对超过出让合同约定的动工开发日期满 1 年未动工开发的，征收土地闲置费。"《房地产开发经营业务企业所得税处理办法》规定，土地闲置费可以计入"土地征用费及拆迁补偿费"中。《通知》规定："房地产开发企业逾期开发缴纳的土地闲置费不得扣除。"企业在计算土地增值税的扣除项目金额时，应当剔除已经计入"开发成本"中的土地闲置费。

对于安置动迁用房支出的计算问题，《通知》第六条做出具体规定：

① 房地产开发企业用建造的本项目房地产安置回迁户的，安置用房视同销售处理，按《国家税务总局关于房地产开发企业土地增值税清算管理有关问题的通知》(国税发[2006]187 号文件)第三条第(一)款规定确认收入，同时将此确认为房地产开发项目的拆迁补偿费。房地产开发企业支付给回迁户的补差价款，计入“拆迁补偿费”；回迁户支付给房地产开发企业的补差价款，应抵减本项目拆迁补偿费。

② 房地产开发企业采取异地安置，异地安置的房屋属于自行开发建造的，房屋价值按国税发[2006]187 号文件第三条第(一)款的规定计算，计入本项目的拆迁补偿费；异地安置的房屋属于购入的，以实际支付的购房支出计入“拆迁补偿费”。(注：国税发[2006]187 号文件第三条第(一)款规定：“发生所有权转移时应视同销售房地产。”)

③ 货币安置拆迁的，房地产开发企业凭合法、有效凭据计入“拆迁补偿费”。

(2) 前期工程费。

前期工程费包括规划、设计、项目可行性研究和水文、地质、勘察、测绘、“三通一平”等支出。

(3) 建筑安装工程费。

建筑安装工程费是指以出包方式支付给承包单位的建筑安装工程费，以自营方式发生的材料费、建筑安装工程费。房地产开发企业销售已装修的房屋，其装修费用可以计入“房地产开发成本”；房地产开发企业的预提费用，除另有规定外，不得扣除。

属于多个房地产项目共同的成本费用，应按清算项目可售建筑面积占多个项目可售总建筑面积的比例或其他合理的方法，计算确定清算项目的扣除金额。

清算项目可扣除金额＝(多个项目共同成本费用÷多个项目可售总面积)×清算项目可售面积

按照房地产行业的通常做法，在工程出包合同中普遍规定，房产竣工之后，房地产开发企业按照工程决算价款 3%～5%的比例扣留质量保证金，待房产保修期结束后再返还给建筑安装施工企业。建筑安装施工企业对房地产开发企业扣留的质量保证金应当开具发票，挂在“其他应收款——质量保证金”科目。但是，有一些建筑安装施工企业经常会以没有收到工程款为由不开具发票，使得房地产开发企业无法计算“开发成本——建安工程费”。为解决这个问题，《通知》规定，房地产开发企业在工程竣工验收后，根据合同约定，扣留建筑安装施工企业一定比例的工程款，作为开发项目的质量保证金，在计算土地增值税时，建筑安装施工企业就质量保证金对房地产开发企业开具发票的，按发票所载金额予以扣除；未开具发票的，扣留的质保金不得计算扣除。

（4）基础设施费。

基础设施费是指开发项目在开发过程中所发生的各项基础设施支出，主要包括开发项目内道路、供水、供电、供气、排污、排洪、通信和照明等社区管网工程费和环境卫生、园林绿化等园林环境工程费。

（5）公共配套设施费。

公共配套设施费包括不能有偿转让的开发小区内公共配套设施发生的支出。

房地产开发企业开发建造的与清算项目配套的居委会和派出所用房、会所、停车场（库）、物业管理场所、变电站、热力站、水厂、文体场馆、学校、幼儿园、托儿所、医院和邮电通信等公共设施，按以下原则处理：

① 建成后产权属于全体业主所有的，其成本、费用可以扣除；

② 建成后无偿移交给政府、公用事业单位用于非营利性社会公共事业的，其成本、费用可以扣除；

③ 建成后有偿转让的，应计算收入，并准予扣除成本、费用。

需要指出的是，有些公共配套设施是房地产开发企业与国家有关业务管理部门、单位合资建设，完工后有偿移交，国家有关业务管理部门、单位给予一定的经济补偿，可以抵扣该项目的建造成本，抵扣后的差额仍应作为公共配套设施费处理。

（6）开发间接费用。

开发间接费用是指企业为直接组织和管理开发项目所发生的，且不能将其归属于特定成本对象的成本费用性支出。主要包括管理人员工资、职工福利费、折旧费、修理费、办公费、水电费、劳动保护费、工程管理费、周转房摊销以及项目营销设施建造费等。

3. *房地产开发费用*

房地产开发费用是指与房地产开发项目有关的销售费用、管理费用和财务费用。根据现行会计制度的规定，产品成本核算的方法采用制造成本法，管理费用等三项费用作为期间费用，直接计入当期损益，不按成本核算对象进行分摊。

需要强调的是，作为土地增值税扣除项目的房地产开发费用，不是按纳税人房地产开发项目实际发生的费用进行扣除，而是依据《实施细则》

的规定标准，按照取得国有土地使用权所支付的金额和房地产开发成本之和的一定比例扣除。

《实施细则》规定，财务费用中的利息支出，凡能够按转让房地产项目计算分摊并提供金融机构证明的，允许据实扣除，但最高不能超过按商业银行同类同期贷款利率计算的金额。其他房地产开发费用，按《实施细则》第七条第（一）、（二）项规定（即取得国有土地使用权所支付的金额和房地产开发成本）计算的金额之和的5%以内计算扣除。凡不能按转让房地产项目计算分摊利息支出或不能提供金融机构证明的，房地产开发费用按《实施细则》第七条第（一）、（二）项规定计算的金额之和的10%以内计算扣除。房地产开发费用计算扣除的具体比例，由各省、自治区、直辖市人民政府规定。

但是，自土地增值税开征以来，对于计算扣除项目金额时利息支出如何扣除的问题，房地产开发企业与税务机关一直存在分歧。《通知》对财务费用中利息支出的计算做出明确的规定：

（1）财务费用中的利息支出，凡能够按转让房地产项目计算分摊并提供金融机构证明的，允许据实扣除，但最高不能超过按商业银行同类同期贷款利率计算的金额。其他房地产开发费用，在按照"取得土地使用权所支付的金额"与"房地产开发成本"金额之和的5%以内计算扣除。

（2）凡不能按转让房地产项目计算分摊利息支出或不能提供金融机构证明的，房地产开发费用在按"取得土地使用权所支付的金额"与"房地产开发成本"金额之和的10%以内计算扣除。

（3）房地产开发企业既向金融机构借款，又有其他借款的，其房地产开发费用计算扣除时不能同时适用本条第(1)、(2)项所述两种办法。

（4）土地增值税清算时，已经计入房地产开发成本的利息支出，应调整至财务费用中计算扣除。

需要说明的是，在制定《土地增值税暂行条例》及其《实施细则》时，企业会计制度规定利息支出在财务费用中核算，不计入开发成本。但是，《国家税务总局企业所得税税前扣除办法》（国税发[2000]84号文件）第三十五条规定，"从事房地产开发业务的纳税人为开发房地产而借入资金所发生的借款费用，在房地产完工之前发生的，应计入有关房地产的开发成本"。为了保持土地增值税的增值额计算的一致性，《通知》又重申"土地增值税清算时，已经计入房地产开发成本的利息支出，应调整至财务费用中计算扣除"。实际操作时，并不能真正把利息支出调整到财务费用中去核算，而只是在计算增值额时把利息支出剔除，不得扣除。

具体如下。

① 如果纳税人能够按转让房地产项目计算分摊利息支出，并能提供金融机构的贷款利息证明的，其允许扣除的房地产开发费用为：

允许扣除的房地产开发费用＝实际支付利息＋(取得土地使用权所支付的金额＋房地产开发成本)×5％

(注：利息最高不能超过按商业银行同类同期贷款利率计算的金额。)

② 如果纳税人不能按转让房地产项目计算分摊利息支出或不能提供金融机构贷款利息证明的，其允许扣除的房地产开发费用为：

允许扣除的房地产开发费用＝(取得土地使用权所支付的金额＋房地产开发成本)×10％

实际支付利息只要能够按转让房地产项目计算分摊，并能提供金融机构贷款证明的，可以超过5％。

财政部、国家税务总局对扣除项目金额中利息支出的计算问题作了两点专门规定：① 利息的上浮幅度按国家的有关规定执行，超过上浮幅度的部分不允许扣除；② 对于超过贷款期限的利息部分和加罚的利息不允许扣除。此项规定与企业所得税扣除规定明显不同，应引起注意。

4. 与转让房地产有关的税金

与转让房地产有关的税金是指在转让房地产时缴纳的营业税、城市维护建设税和印花税、因转让房地产缴纳的教育费附加，也可视同税金予以扣除。

《财政部、国家税务总局关于土地增值税一些具体问题规定的通知》(财税字[1995]048号文件)第十一条规定，对于个人购入房地产再转让的，其在购入时已缴纳的契税，在旧房及建筑物的评估价格中已包括了此项因素，在计征土地增值税时，不另作为“与转让房地产有关的税金”予以扣除。

5. 财政部规定的其他扣除项目

对从事房地产开发的纳税人，可按《实施细则》第七条第(一)、(二)项规定计算的金额之和，即按照取得国有土地使用权支付的金额和房地产开发成本的合计加计20％扣除。此条政策只适用于从事房地产开发的纳税人，除此之外的其他纳税人不适用。这样规定，目的是为了抑制炒买、炒卖房地产的投机行为，保护正常开发投资者的积极性。

◆ 旧房及建筑物的计算

1. 旧房及建筑物的评估价格

旧房及建筑物的评估价格是指在转让已使用的房屋及建筑物时，由政府批准设立的房地产评估机构评定的重置成本价乘以成新度折扣率后的价格。评估价格须经当地税务机关确认。

重置成本价是指对旧房及建筑物，按转让时的建材价格及人工费用计算，建造同样面积、同样层次、同样结构、同样建设标准的新房及建筑物所需花费的成本费用。成新度折扣率是指按旧房的新旧程度作一定比例的折扣。

转让旧房的，应按房屋及建筑物的评估价格、取得国有土地使用权所支付的地价款和按国家统一规定缴纳的有关费用及在转让环节缴纳的税金作为扣除项目金额计征土地增值税。对取得国有土地使用权时未支付地价款或不能提供已支付的地价款凭据的，在计征土地增值税时不允许扣除。

2. 关于转让旧房准予扣除项目的计算问题

《财政部、国家税务总局关于土地增值税若干问题的通知》(财税[2006]21号文件)规定，纳税人转让旧房及建筑物，凡不能取得评估价格，但能提供购房发票的，经当地税务部门确认，《土地增值税暂行条例》第六条第(一)、(三)项规定的扣除项目的金额，可按发票所载金额并从购买年度起至转让年度止每年加计5%计算。

对于“每年”的计算，《国家税务总局关于加强土地增值税征管工作的通知》(国税发[2010]53号文件)补充规定，计算扣除项目时“每年”按购房发票所载日期起至售房发票开具之日止，每满12个月计一年；超过一年，未满12个月但超过6个月的，可以视同为一年(意味着不足6个月的不计算扣除)。

对纳税人购房时缴纳的契税，凡能提供契税完税凭证的，准予作为“与转让房地产有关的税金”予以扣除，但不作为加计5%的基数。对于转让旧房及建筑物，既没有评估价格，又不能提供购房发票的，地方税务机关可以根据《中华人民共和国税收征收管理法》(以下简称《税收征管法》)第三十五条的规定，实行核定征收。

《土地增值税暂行条例》第六条计算增值额的扣除项目包括：第(一)项规定是取得土地使用权所支付的金额；第(三)项规定是新建房及配套设施的成本、费用，或者旧房及建筑物的评估价格。

◆ 土地增值税应纳税额的计算

土地增值税按照纳税人转让房地产所取得的增值额和规定的税率计算征收。土地增值税的计算公式是：

$$应纳税额 = \sum(每级距的土地增值额 \times 适用税率)$$

在实际工作中，通常可以采用速算扣除法计算。即：计算土地增值税税额，可按增值额乘以适用的税率减去扣除项目金额乘以速算扣除系数的简便方法计算，具体公式如下：

(1) 增值额未超过扣除项目金额 50%的

土地增值税税额＝增值额×30%

(2) 增值额超过扣除项目金额 50%，未超过 100%的

土地增值税税额＝增值额×40%－扣除项目金额×5%

(3) 增值额超过扣除项目金额 100%，未超过 200%的

土地增值税税额＝增值额×50%－扣除项目金额×15%

(4) 增值额超过扣除项目金额 200%的

土地增值税税额＝增值额×60%－扣除项目金额×35%

公式中的 5%、15%、35%分别为二、三、四级的速算扣除系数。

相关知识

◆ 按评估价格计算土地增值税

税法规定，纳税人有下列情形之一的，按照房地产评估价格计算征收土地增值税。

(1) 隐瞒、虚报房地产成交价格的，是指纳税人不报或有意低报转让土地使用权、地上建筑物及其附着物价款的行为。

(2) 提供扣除项目金额不实的，是指纳税人在纳税申报时不据实提供扣除项目金额的行为。

(3) 转让房地产的成交价格低于房地产评估价格、又无正当理由的，是指纳税人申报的转让房地产的实际成交价低于房地产评估机构评定的交易价，纳税人又不能提供凭据或无正当理由的行为。

隐瞒、虚报房地产成交价格，应由评估机构参照同类房地产的市场交易价格进行评估。税务机关根据评估价格确定转让房地产的收入。

提供扣除项目金额不实的，应由评估机构按照房屋重置成本价乘以成新度折扣率计算的房屋成本价和取得土地使用权时的基准地价进行评估。税务机关根据评估价格确定扣除项目金额。

转让房地产的成交价格低于房地产评估价格，又无正当理由的，由税务机关参照房地产评估价格确定转让房地产的收入。

实例详解

【例 3-1】 土地增值税应纳税额的计算

某纳税人转让房地产所取得的收入为 1 500 万元，其扣除项目金额为 300 万元，请计算其应纳土地增值税的税额。

【分析】

第一种方法：按《土地增值税暂行条例》规定的方法计算

(1) 先计算增值额。

增值额为：1 500－300＝1 200(万元)

(2) 再计算增值额与扣除项目金额之比。

增值额与扣除项目金额之比为：1 200÷300＝400％

由此可见，增值额超过扣除项目金额 200％，分别适用 30％、40％、50％和 60％四挡税率。

(3) 分别计算各级次土地增值税税额。

① 增值额未超过扣除项目金额 50％的部分，适用 30％的税率。

这部分增值额为：300×50％＝150(万元)

这部分增值额应纳的土地增值税税额为 150×30％＝45(万元)

② 增值额超过扣除项目金额 50％，未超过扣除项目金额 100％的部分，适用 40％的税率。

这部分增值额为：300×(100％－50％)＝150(万元)

这部分增值额应纳的土地增税税额为 150×40％＝60(万元)

③ 增值额超过扣除项目金额 100％，未超过扣除项目金额 200％的部分，适用 50％的税率。

这部分的增值额为：300×(200％－100％)＝300(万元)

这部分增值额应纳的土地增值税税额为：300×50％＝150(万元)

④ 增值额超过扣除项目金额 200％的部分，适用 60％的税率。

这部分的增值额为：1 200－(300×200％)＝600(万元)

这部分增值额应纳的土地增值税税额为：600×60％＝360(万元)

(4) 将各级的税额相加，得出总税额。

土地增值税税额为：45＋60＋150＋360＝615(万元)

第二种方法：按《实施细则》规定的速算扣除法计算

(1) 先计算增值额。

增值额为：1 500－300＝1 200(万元)

(2) 再计算增值额与扣除项目金额之比率。

增值额与扣除项目金额之比率为 1 200÷300×100%＝400%

由此可见，增值额超过扣除项目金额 200%，其适用的简单计算公式为：

土地增值税税额＝增值额×60%－扣除项目金额×35%

(3) 计算土地增值税税额。

土地增值税税额为：1 200×60%－300×35%＝615(万元)

不难看出，两种计算方法所得出的结果是一样的。

【例 3-2】 A 房地产开发公司转让一块已开发的土地使用权，取得转让收入 1 600 万元，为取得土地使用权支付金额 320 万元，开发土地成本 65 万元，开发土地的费用 21 万元，应缴纳有关税费 77.7 万元。

【分析】

(1) 开发费用 21 万元，未超过前两项成本之和的 10%(38.5 万元)，可据实扣除。

(2) 扣除项目金额＝(320＋65)×(1＋20%)＋21＋77.7＝560.7(万元)

(3) 增值额：1 600－560.7＝1 039.3(万元)

(4) 增值额占扣除项目比例＝1 039.3÷560.7×100%＝185.36%

(5) 应纳税额＝1 039.3×50%－560.7×15%＝435.54(万元)

【例 3-3】 位于 A 区的某国有工业企业利用厂区空地建造写字楼，2010 年发生的相关业务如下：

(1) 按照国家有关规定补交土地出让金 4 000 万元，缴纳相关税费 160 万元；

(2) 写字楼开发成本 3 000 万元，其中装修费用 500 万元；

(3) 写字楼开发费用中的利息支出为 300 万元(不能提供金融机构证明)；

(4) 写字楼竣工验收，将总建筑面积的 1/2 销售，签订销售合同，取得销售收入 6 500 万元；将另外 1/2 的建筑面积出租，当年取得租金收入 15 万元。

其他相关资料：该企业所在省规定，按《土地增值税暂行条例》规定的高限计算扣除房地产开发费用。

要求：根据上述资料，回答下列问题并计算出合计数：

(1) 企业计算土地增值税时应扣除的取得土地使用权所支付的金额；

(2) 企业计算土地增值税时应扣除的开发成本的金额；

(3) 企业计算土地增值税时应扣除的开发费用的金额；

(4) 企业计算土地增值税时应扣除的有关税金；

(5) 企业应缴纳的土地增值税；

(6) 企业应缴纳的营业税、城市维护建设税和教育费附加；

(7) 企业应缴纳的房产税。

【分析】

(1) 应扣除的土地使用权扣除额＝(4 000＋160)×1/2＝2 080(万元)

(2) 应扣除的开发成本扣除额＝3 000×1/2＝1 500(万元)

(3) 应扣除的开发费用扣除额＝(4 160＋3 000)×10％×1/2＝358(万元)

(4) 应扣除的相关税金＝6 500×5％×(1＋7％＋3％)＋6 500×0.5‰＝357.5＋3.25＝360.75(万元)

(5) 应扣除的费用总额＝2 080＋1 500＋358＋360.75＝4 298.75(万元)

增值比例＝(6 500－4 298.75)÷4 298.75×100％＝2 201.25/4 298.75×100％＝51.21％

适用40％的税率，速算扣除系数5％。

应缴纳土地增值税额＝2 201.25×40％－4 298.75×5％＝665.56(万元)

(6) 企业应缴纳的营业税、城市维护建设税和教育费附加＝(6 500＋15)×5％×(1＋7％＋3％)＝325.75×(1＋7％＋3％)＝358.33(万元)

(7) 应缴纳房产税＝15×12％＝1.8(万元)

3.4 土地增值税的优惠政策

要 点

土地增值税对普通标准住宅、国家征用、收回房地产的税收、个人转让房地产的税收、合作建房的税收、企业兼并、投资联营的税收都规定了相应的优惠政策，本节主要对此进行介绍。

解 释

◆ 普通标准住宅的税收优惠政策

纳税人建造普通标准住宅出售，增值额未超过扣除项目金额 20% 的，免征土地增值税。

2005 年国务院发布《国务院办公厅转发建设部等部门关于做好稳定住房价格工作的意见》(国办发[2005]26 号)，明确了普通标准住宅原则上应同时满足以下条件：

(1) 住宅小区建筑容积率在 1.0 以上；

(2) 单套建筑面积在 120 平方米以下；

(3) 实际成交价格低于同级别土地上住房平均交易价格 1.2 倍以下。

各省、自治区、直辖市要根据实际情况，制定本地区享受优惠政策普通住房的具体标准。允许单套建筑面积和价格标准适当浮动，但向上浮动的比例不得超过上述标准的 20%。

财政部、国家税务总局印发的《关于土地增值税普通标准住宅有关政策的通知》(财税[2006]141 号)中进一步强调："普通标准住宅"的认定，可在各省级人民政府根据国办发[2005]26 号文件制定的"普通住房标准"的范围内从严掌握。

◆ 国家征用、收回房地产的税收优惠政策

1. 免征土地增值税

税法规定，因国家建设需要依法征用、收回的房地产免征土地增值税。因国家建设需要依法征用、收回的房地产，是指因城市实施规划、国家建设的需要而被政府批准征用的房产或收回的土地使用权。

财政部、国家税务总局《关于土地增值税若干问题的通知》(财税[2006]21 号)又对"城市实施规划"和"国家建设的需要"进一步解释如下。

(1) 因"城市实施规划"而搬迁，是指因旧城改造或因企业污染、扰民(指产生过量废气、废水、废渣和噪声，使城市居民生活受到一定危害)，而由政府或政府有关主管部门根据已审批通过的城市规划确定进行搬迁的情况。如一些城市在旧城改造过程中，将一些工业企业迁出市区，安排在工业园区、高新技术开发区或者城市郊区，都属于因"城市实施规划"需要而搬迁，可以免征土地增值税。

(2) 因"国家建设的需要"而搬迁，是指因实施国务院、省级人民政府、国务院有关部委批准的建设项目而进行搬迁的情况。企业搬迁是否

符合“国家建设需要”，应当注意建设项目的级次，除因实施省级、部级和国务院批准的建设项目需要而搬迁可以享受免税外，因其他建设项目需要而搬迁的一律不得享受土地增值税的免税政策。

2. 其他相关税收的优惠

因城市实施规划、国家建设的需要而被政府批准征用的房地产，不仅仅涉及土地增值税，还涉及营业税、城市维护建设税、教育费附加、企业所得税等。

(1) 关于企业或居民动迁收入是否征收的问题，广东省地税局在1999年曾经请示过国家税务总局，根据国家税务总局的答复精神，广东省地方税务局下发了《关于旧城拆迁改造有关营业税问题的批复》(粤地税函[1999]295号)，专门对“被拆迁户取得拆迁补偿收入不征税问题”做出规定：为支持城市改造建设，经请示国家税务总局同意，凡经县级以上政府批准，国土局及有关房地产管理部门发出公告，限期拆(搬)迁的地(路)段的，被拆迁户取得的拆迁补偿收入(包括货币、货物或其他经济利益)暂不征收营业税。该文件在广东省执行，广东省无论是企业或者居民被拆迁，只要符合上述规定就可以免征营业税。为了公平税负，其他省市也纷纷借鉴粤地税函[1999]295号的规定。

(2) 居民拆迁补偿收入是否征收个人所得税，《财政部、国家税务总局关于城镇房屋拆迁有关税收政策的通知》(财税[2005]45号)规定，对被拆迁人按照国家有关城镇房屋拆迁管理办法规定的标准取得的拆迁补偿款，免征个人所得税。

(3) 企业因当地政府城市规划、基础设施建设等原因，搬迁企业按规定标准从政府取得的搬迁补偿收入，以及搬迁企业通过市场(招标、拍卖、挂牌等形式)取得的土地转让收入属于“企业政策性搬迁收入”，可以享受企业所得税的优惠待遇。

◆ 个人转让房地产的税收优惠政策

1. 关于个人转让住房免征土地增值税的免税优惠

《实施细则》第十二条规定，个人因工作调动或改善居住条件而转让原自用住房，经向税务机关申报核准，凡居住满5年或5年以上的，免予征收土地增值税；居住满3年未满5年的，减半征收土地增值税；居住未满3年的，按规定计征土地增值税。

税收政策对个人转让住房是否征收土地增值税，首先要区分是消费性购买还是投资性购买。为了限制炒买、炒卖房地产，对投资性购买房地产的行为要征收土地增值税，而消费性购买房地产则可以不征收土地增值税。税法按照居住年限来区分消费性购买或投资性购买，是否征收土地增值税以5年为限，居住满5年或5年以上的，免予征收土地增值税；居住满3年未满5年的，减半征收土地增值税。

根据《财政部、国家税务总局关于调整房地产交易环节税收政策的通知》(财税[2008]137号)规定，自2008年11月1日起，对个人销售住房暂免征收土地增值税。

2. 关于个人互换住房的免税优惠

《关于土地增值税一些具体问题规定的通知》(财税字[1995]048号)第五条规定，对个人之间互换自有居住用房地产的，经当地税务机关核实，可以免征土地增值税。个人互换住房应当报给住房所在地的主管税务机关核实，具实申报。

◆ 合作建房的税收优惠政策

1. 合作建房的税收优惠

《关于土地增值税一些具体问题规定的通知》(财税字[1995]048号)第二条规定："对于一方出土地，一方出资金，双方合作建房，建成后按比例分房自用的，暂免征收土地增值税；建成后转让的，应征收土地增值税。"

《营业税问题解答(一)》(国税函发[1955]156号)规定，合作建房是指一方提供土地使用权(以下简称甲方)，另一方提供资金(以下简称乙方)的合作建房。建成后按比例分房自用的属于土地使用权和房屋所有权的互换。甲方转让了部分土地使用权，换取的是房屋所有权，应当征收营业税。乙方以转让部分房屋的所有权为代价(没有土地)，换取部分土地使用权，也应当征收营业税。由于双方没有进行货币结算，因此应当按照《营业税条例实施细则》的规定分别核算双方各自的营业额。

甲方转让了国有土地使用权，如果有增值额，依照土地增值税条例的规定，应当征收土地增值税。财税字[1995]048号文件做了暂免征收土地增值税的规定，免征土地增值税。乙方以转让部分房屋的所有权为代价，换取的是土地使用权，乙方转让的房产中不包含土地使用权，简而言之，乙方只是转让房产，没有发生"转让国有土地使用权的行为"，不属于《土地增值税暂行条例》规定的征税范围，也不应当征收土地增值税。甲方、乙方在房产建成分配之后再次转让，就符合《土地增值税暂行条例》规定的征税范围，应当征收土地增值税。

2. 旧房转为廉租住房、经济适用住房的优惠

为贯彻落实《国务院关于解决城市低收入家庭住房困难的若干意见》(国发[2007]24号)精神，促进廉租住房、经济适用住房制度建设和住房

租赁市场的健康发展。财政部、国家税务总局印发的《关于廉租住房经济适用住房和住房租赁有关税收政策的通知》(财税[2008]24号)第一条第(三)项规定,企事业单位、社会团体以及其他组织转让旧房转作为廉租住房、经济适用住房房源,且增值额未超过扣除项目金额20%的,免征土地增值税。

根据这项规定,企业在转让闲置的旧房时,应当选择购房单位,如果购房单位是专门从事廉租住房、经济适用房管理的部门,把旧房转让给他们,则可以享受免征土地增值税的待遇。

◆ 企业兼并、投资联营的税收优惠政策

1. 企业以房地产投资联营的税收优惠

财政部、国家税务总局《关于土地增值税一些具体问题规定的通知》(财税字[1995]048号)第一条规定,对于以房地产进行投资联营的,投资联营一方以土地(房地产)作价入股或作为联营条件,将房地产转让到投资、联营的企业中时,暂免征收土地增值税。对投资、联营企业将上述房地产再转让的,应征收土地增值税。

鼓励投资、联营发挥企业现有资源的作用,减少下岗人员是我国的一项重要政策,对以房地产作价入股或投资联营,在投资联营过程中因为资产评估而发生的增值额,暂免征收土地增值税,接受投资联营企业再转让这些房地产时,应当就“增值额”征收土地增值税。

为了控制房地产行业投资的过快增长,对于以房地产作价入股投资到房地产开发企业的,财税[2006]21号文件规定,对于以土地(房地产)作价入股进行投资或联营的,凡所投资、联营的企业从事房地产开发的,或者房地产开发企业以其建造的商品房进行投资和联营的,均不适用财税字[1995]048号文件第一条暂免征收土地增值税的规定。

2. 企业兼并的税收优惠

财税字[1995]048号文件第三条规定,在企业兼并中,对被兼并企业将房地产转让到兼并企业中的,暂免征土地增值税。

企业兼并是指一个企业购买其他企业的产权,使其他企业失去法人资格或改变法人实体的一种交易行为。兼并企业在购买被兼并企业的过程中,被购买企业可能发生房地产转让价值大于原值的增值额,按照土地增值税的立法原则,应当征收土地增值税。

企业采用购买法兼并其他企业资产产权,其中包含的房地产增值额,财税字[1995]048号文件规定暂免征土地增值税,以促进企业的兼并。

相关知识

◆ **建筑容积率**

建筑容积率简称容积率，又称地积比率，是指总建筑面积与建筑用地面积的比值。建筑容积率是每公顷居住区用地上拥有的各类建筑的建筑面积(m^2/ha)或以总建筑面积(万 m^2)与居住区用地(万 m^2)的比值表示。附属建筑物也计算在内，但应注明不计算面积的附属建筑物除外。

3.5 土地增值税的申报缴纳及会计处理

要 点

本节主要介绍土地增值税的纳税地点、时间及期限、扣除项目金额的会计处理、预缴土地增值税的会计处理、转让房地产的土地增值税的会计处理、主营房地产业务的企业土地增值税的会计处理、兼营房地产业务的企业土地增值税的会计处理。

解 释

◆ **土地增值税的纳税地点、时间及期限**

纳税人应于转让房地产合同签订之日起 7 日内，到房地产所在地的主管税务机关办理纳税申报，并向税务机关提交房屋及建筑物产权、土地使用权证书、土地转让、房产买卖合同，房地产评估报告及其他与转让房地产有关的资料。纳税人按照税务机关核定的税额及规定的期限缴纳土地增值税。对纳税人因经常发生房地产转让而难以在每次转让后申报的，经税务机关审核同意后，可以定期进行纳税申报，具体期限由税务机关根据情况确定。

纳税人在项目全部竣工结算前转让房地产取得的收入，由于涉及成本确定或其他原因，而无法据实计算土地增值税的，可以预征土地增值税，待该项目全部竣工，办理结算后再进行清算，多退少补。具体办法由各省、自治区、直辖市地方税务局根据当地情况制定。土地增值税由房地产所在地的税务机关负责征收。

◆ **扣除项目金额的会计处理**

计算土地增值税税额，关键是正确计算和确定扣除项目金额。由于转让房地产的情况千差万别，其计算方法也有所不同。

（1）房地产开发企业。

如果企业在受让土地使用权后，集中开发建设，一次性整体转让，其扣除项目金额容易计算和确定，如果是分批开发建设、分次转让，其开发成本费用的计算就比较复杂。

房地产开发企业应按照企业会计制度的要求，正确确定成本核算对象，正确归集、分配费用，正确计算产品成本。此外，应设置“备查簿”，详细登记与计算土地增值税有关的各项资料，如取得土地使用权所付的金额、开发土地和建新房及配套设施的成本、费用等。

（2）非房地产开发企业。

非房地产开发企业，包括外商投资房地产企业、从事房地产业务的股份制试点企业、对外经济合作企业以及兼营房地产业务的各类企业和单位。这些企业，应参照房地产开发企业会计进行成本核算。

（3）转让的房地产。

凡转让的房地产，原来是在企业“固定资产”账户进行核算和反映的，说明是旧的或使用过的。对其扣除项目金额，不能以账面价值或其净值计算扣除，应以政府批准设立的房地产评估机构评定的重置成本乘以成新度折扣率后的价格计算扣除。

◆ 预缴土地增值税的会计处理

纳税人在项目全部竣工前转让房地产取得的收入，由于涉及成本计算及其他原因，而无法据以计算土地增值税，可以预缴土地增值税。待项目全部竣工、办理结算手续后，再进行清算，多退少补。计算预缴土地增值税时，其扣除项目金额的计算方法，由省、自治区、直辖市地方税务局根据当地情况制定。

预缴土地增值税的会计处理与企业上缴土地增值税相同，均是借记“应交税费——应交土地增值税”，贷记“银行存款”。

待房地产营业收入实现时，再按应交的土地增值税，借记“营业税金及附加”、“其他业务成本”等科目，贷记“应交税费——应交土地增值税”。

这样进行会计处理，在企业未实现营业收入（未进行结算）前，使“应交税费——应交土地增值税”账户出现借方余额，本是事先预缴的土地增值税，但可能会使财务会计报表的阅读者误认为企业是“多缴了税款”。为此，企业可以增设“递延所得税资产”账户。

◆ 转让房地产的土地增值税的会计处理

企业转让国有土地使用权连同地上建筑物及附着物，一并在“固定资产”账户核算的，其转让房地产取得的收入，记入“固定资产清理”账户的贷方；应缴纳的土地增值税，记入“固定资产清理”账户的借方，借记“固定资产清理”，贷记“应交税费——应交土地增值税”。

企业转让国有土地使用权连同地上建筑物及附着物，一并在“在建工程”账户核算的，其转让房地产取得的收入，记入“在建工程”账户的贷方；应缴纳的土地增值税，记入“在建工程”账户的借方，借记“在建工程”，贷记“应交税费——应交土地增值税”。

◆ 主营房地产业务的企业土地增值税的会计处理

主营房地产业务的企业，是指在企业的经营业务中，房地产业务是企业的主要经营业务，其经营收入在企业全部经营收入中占有较大比重，并且直接影响企业的经济效益。主营房地产业务的企业，既有房地产开发企业，也有对外经济合作企业、股份制试点企业和外商投资房地产企业等。

因为土地增值税是在转让房地产的流转环节纳税，并且是为了取得当期营业收入而支付的费用，所以，土地增值税应同营业税的会计处理相同，借记“营业税金及附加”等，贷记“应交税费——应交土地增值税”。实际缴纳土地增值税时，借记“应交税费——应交土地增值税”，贷记“银行存款”等。

(1) 现货房地产销售。

在现货房地产销售情况下，采用一次性收款、房地产移交使用、发票账单提交买主、钱货两清的，应将房地产移交和发票结算账单提交买主时作为销售实现，借记“银行存款”等，贷记“主营业务收入”等。同时，计算应由实现的营业收入负担的土地增值税，借记“营业税金及附加”等，贷记“应交税费——应交土地增值税”。采用赊销、分期收款方式销售房地产的，应以合同规定的收款时间作为销售实现，分次结转收入。

(2) 商品房预售。

按照《中华人民共和国城市房地产管理法》的规定，商品房可以预售，但应符合下列条件：

① 已交付全部土地使用权出让金，取得土地使用权证书；

② 持有建设工程规划许可证；

③ 按提供预售的商品房计算，投入开发建设的资金达到总投资的

25%以上，并已经确定工程进度和竣工交付日期；

④ 向县级以上人民政府房产管理部门办理预售登记，取得商品房预售许可证明。

在商品房预售的情况下，商品房交付使用前采取一次性收款或分次收款的，收到购房款时，借记“银行存款”，贷记“预收账款”；按规定预缴土地增值税时，借记“应交税费——应交土地增值税”，贷记“银行存款”等；待该商品房交付使用后，开出发票结算账单交给买主时，作为收入实现，借记“预收账款”，贷记“主营业务收入”等；同时，计算由实现的营业收入负担的土地增值税，借记“营业税金及附加”等，贷记“应交税费——应交土地增值税”。按照税法规定，该项目全部竣工、办理决算后进行清算，企业收到退回多缴的土地增值税，借记“银行存款”等，贷记“应交税费——应交土地增值税”。补缴土地增值税时，做相反的会计分录。

◆ 兼营房地产业务的企业土地增值税的会计处理

兼营房地产业务的企业，转让房地产取得的收入，计算应由当期营业收入负担的土地增值税时，应同营业税一样，记入“其他业务成本”等账户。企业按规定计算出应缴纳的土地增值税，借记“其他业务成本”，贷记“应交税费——应交土地增值税”。兼营房地产业务的企业如果没有设置“其他业务成本”账户，计算转让房地产应缴纳的土地增值税时，应同企业缴纳营业税的会计处理一样，记入相关账户，如金融企业可记入“其他营业成本”账户。

企业实际缴纳土地增值税时，借记“应交税费——应交土地增值税”账户，贷记“银行存款”等账户。

相关知识

◆ 土地增值税的项目登记表

土地增值税项目登记表

（从事房地产开发的纳税人适用）

纳税人编码：　　　　　　　　填表日期：______年____月____日

金额单位：人民币元　　　　　面积单位：平方米

纳税人名称		项目名称		项目地址		
业　别		经济性质		主管部门		
开户银行			银行账号			
地　址			邮政编码		电话	

续表

土地使用权受让（行政划拨）合同书				受让（行政划拨）时间			
建设项目起讫时间		总预算成本		单位预算成本			
项目详细坐落地点							
开发土地总面积		开发建筑总面积		房地产转让合同名称			
转让土地面积（按次填写）		转让建筑面积（按次填写）		转让合同签订日期（按次填写）			
第1次							
第2次							
……							
纳税人盖章		法人代表签章		经办人员（代理申报人）签章		备注	
（以下部分由主管税务机关负责填写）							
税务机关受理登记日期			税务机关受理登记意见				
主管税务人员签字							
主管税务机关盖章							

填表说明：

1. 本表适用于从事房地产开发与建设的纳税人，在立项后及每次转让时填报。

2. 凡从事新建房及配套设施开发的纳税人，均应在规定的期限内，据实向主管税务机关填报本表所列内容。

3. 本表栏目的内容如果没有，可以不填。

4. 纳税人在填报土地增值税项目登记表时，应同时向主管税务机关提交土地使用权受让合同、房地产转让合同等有关资料。

5. 本表一式三份，送主管税务机关审核盖章后，两份由地方税务机关留存，一份退纳税单位。

◆ 土地增值税的纳税申报表

土地增值税纳税申报表(一)

（从事房地产开发的纳税人适用）

税款所属时间：______年____月____日　　填表日期：______年____月____日

纳税人编码：　　　　金额单位：人民币元　　　　面积单位：平方米

纳税人名称			项目名称		项目地址		
业别		经济性质		纳税人地址		邮政编码	
开户银行		银行账号		主管部门		电话	
项目					行次	金额	
一、转让房地产收入总额 1=2+3					1		

续表

其中	货币收入	2	
	实物收入及其他收入	3	
二、扣除项目金额合计 4=5+6+13+16+20		4	
1. 取得土地使用权所支付的金额		5	
2. 房地产开发成本 6=7+8+9+10+11+12		6	
其中	土地征用及拆迁补偿费	7	
	前期工程费	8	
	建筑安装工程费	9	
其中	基础设施费	10	
	公共配套设施费	11	
	开发间接费用	12	
3. 房地产开发费用 13=14+15		13	
其中	利息支出	14	
	其他房地产开发费用	15	
4. 与转让房地产有关的税金等 16=17+18+19		16	
其中	营业税	17	
	城市维护建设税	18	
	教育费附加	19	
5.财政部规定的其他扣除项目		20	
三、增值额 21=1-4		21	
四、增值额与扣除项目金额之比(%) 22=21÷4		22	
五、适用税率(%)		23	
六、速算扣除系数(%)		24	
七、应缴土地增值税税额 25=21×23-4×24		25	
八、已缴土地增值税税额		26	
九、应补(退)土地增值税税额 27=25-26		27	

授权代理人	(如果你已委托代理申报人,请填写下列资料) 为代理一切税务事宜,现授权________(地址)________为本纳税人的代理申报人,任何与本报表有关的来往文件都可寄予此人。 授权人签字:________	声明	我声明:此纳税申报表是根据《中华人民共和国土地增值税暂行条例》及其《实施细则》的规定填报的。我确信它是真实的、可靠的、完整的。 声明人签字:________

续表

纳税人签章		法人代表签章		经办人员（代理申报人）签章		备注	
（以下部分由主管税务机关负责填写）							
主管税务机关收到日期		接收人		审核日期		税务审核人员签章	
审核记录						主管税务机关盖章	

填表说明：

1. 适用范围

土地增值税纳税申报表（一），适用凡从事房地产开发并转让的土地增值税纳税人。其转让已经完成开发的房地产并取得转让收入，或者是预售正在开发的房地产并取得预售收入的，应按照税法和本表要求，根据税务机关确定的申报时间，定期向主管税务机关填报土地增值税纳税申报表（一），进行纳税申报。

2. 土地增值税纳税申报表（一）主要项目填表说明

（1）表头项目

1）纳税人编码：按税务机关编排的代码填写。

2）项目名称：填写纳税人所开发并转让的房地产开发项目全称。

3）经济性质：按所有制性质或资本构成形式分为国有、集体、私营、个体、股份制、外商投资和外国企业等类型填写。

4）业别：填写纳税人办理工商登记时所确定的主营行业类别。

5）主管部门：按纳税人隶属的管理部门或总机构填写。外商投资企业不填。

6）开户银行：填写纳税人开设银行账户的银行名称；如果纳税人在多个银行开户的，填写其主要经营账户的银行名称。

7）银行账号：填写纳税人开设的银行账户的号码；如果纳税人拥有多个银行账户的，填写其主要经营账户的号码。

（2）表中项目

土地增值税纳税申报表（一）中各主要项目内容，应根据土地增值税的基本计税单位作为填报对象。纳税人如果在规定的申报期内转让两个或两个以上计税单位的房地产，对每个计税单位应分别填写一份申报表。

纳税人如果既从事普通标准住宅开发，又进行其他房地产开发的，应分别填写纳税申报表（一）。

1）表第1栏“转让房地产收入总额”，按纳税人在转让房地产开发项目所取得的全部收入额填写。

2）表第2栏“货币收入”，按纳税人转让房地产开发项目所取得的货币形态的收入额填写。

3）表第3栏“实物收入及其他收入”，按纳税人转让房地产开发项目所取得的实物形态的收入和无形资产等其他形式的收入额填写。

4）表第5栏“取得土地使用权所支付的金额”，按纳税人为取得该房地产开发项目所需要的土地使用权而实际支付（补交）的土地出让金（地价款）及按国家统一规定缴纳的有关费用的数额填写。

5）表第7栏至表第12栏，应根据《中华人民共和国土地增值税暂行条例实施细则》规定的从事房地产开发所实际发生的各项开发成本的具体数额填写。要注意，如果有些房地产开发成本是属于整个房地产项目的，而该项目同时包含了两个或两个以上的计税单位的，要对该成本在各计税项目之间按一定比例进行分摊。

6）表第14栏"利息支出"，按纳税人进行房地产开发实际发生的利息支出中符合《中华人民共和国土地增值税暂行条例实施细则》第七条第（三）项规定的数额填写。如果不单独计算利息支出的，则本栏数额填写为"0"。

7）表第15栏"其他房地产开发费用"，应根据《中华人民共和国土地增值税暂行条例实施细则》第七条第（三）项的规定填写。

8）表第17栏至表第19栏，按纳税人转让房地产时所实际缴纳的税金数额填写。

9）表第20栏"财政部规定的其他扣除项目"，是指根据《中华人民共和国城镇土地使用税暂行条例》和《中华人民共和国土地增值税暂行条例实施细则》等有关规定所确定的财政部规定的扣除项目的合计数。

10）表第25栏"适用税率"，应根据《中华人民共和国城镇土地使用税暂行条例》规定的四级超率累进税率，按所适用的最高一级税率填写；如果纳税人建造普通标准住宅出售，增值额未超过扣除项目金额20%的，本栏填写"0"。

11）表第26栏"速算扣除系数"，应根据《中华人民共和国土地增值税暂行条例实施细则》第十条的规定找出相关速算扣除系数来填写。

12）表第28栏"已缴土地增值税税额"，按纳税人已经缴纳的土地增值税的数额填写。

土地增值税纳税申报表（二）

（非从事房地产开发的纳税人适用）

税款所属时间：______年____月____日　填表日期：______年____月____日

纳税人编码：　　　　金额单位：人民币元　　　　面积单位：平方米

纳税人名称			项目名称		项目地址		
业别		经济性质		纳税人地址		邮政编码	
开户银行		银行账号		主管部门		电话	

项目		行次	金额
一、转让房地产收入总额 1＝2＋3		1	
其中	货币收入	2	
	实物收入及其他收入	3	
二、扣除项目金额合计 4＝5＋6＋9		4	
1. 取得土地使用权所支付的金额		5	
2. 旧房及建筑物的评估价格 6＝7×8		6	
其中	旧房及建筑物的重置成本价	7	
	成新度折扣率	8	
3. 与转让房地产有关的税金等 9＝10＋11＋12＋13		9	

续表

<table>
<tr><td rowspan="4">其中</td><td>营业税</td><td>10</td><td></td></tr>
<tr><td>城市维护建设税</td><td>11</td><td></td></tr>
<tr><td>印花税</td><td>12</td><td></td></tr>
<tr><td>教育费附加</td><td>13</td><td></td></tr>
<tr><td colspan="2">三、增值额 14＝1－4</td><td>14</td><td></td></tr>
<tr><td colspan="2">四、增值额与扣除项目金额之比(％) 15＝14÷4</td><td>15</td><td></td></tr>
<tr><td colspan="2">五、适用税率(％)</td><td>16</td><td></td></tr>
<tr><td colspan="2">六、速算扣除系数(％)</td><td>17</td><td></td></tr>
<tr><td colspan="2">七、应缴土地增值税税额 18＝14×16－4×17</td><td>18</td><td></td></tr>
</table>

授权代理人	(如果你已委托代理申报人，请填写下列资料) 为代理一切税务事宜，现授权________(地址)________为本纳税人的代理申报人，任何与本报表有关的来往文件都可寄予此人。 授权人签字：________	声明	我声明：此纳税申报表是根据《中华人民共和国土地增值税暂行条例》及其《实施细则》的规定填报的。我确信它是真实的、可靠的、完整的。 声明人签字：________

<table>
<tr><td>纳税人签章</td><td></td><td>法人代表签章</td><td></td><td>经办人员(代理申报人)签章</td><td></td><td>备注</td><td></td></tr>
<tr><td colspan="8">(以下部分由主管税务机关负责填写)</td></tr>
<tr><td>主管税务机关收到日期</td><td></td><td>接收人</td><td></td><td>审核日期</td><td></td><td>税务审核人员签章</td><td></td></tr>
<tr><td>审核记录</td><td colspan="5"></td><td>主管税务机关盖章</td><td></td></tr>
</table>

填表说明：

1. 适用范围

土地增值税纳税申报表(二)适用于非从事房地产开发的纳税人。该纳税人应在签订房地产转让合同后的七日内，向房地产所在地主管税务机关填报土地增值税纳税申报表(二)。

2. 土地增值税纳税申报表(二)主要项目填表说明

(1) 表头项目

1) 纳税人编码：按税务机关编排的代码填写。

2) 项目名称：填写纳税人转让的房地产项目全称。

3) 经济性质：按所有制性质或资本构成形式分为国有、集体、私营、个体、股份制、外商投资企业等类型填写。

4) 业别：按纳税人的行业性质分为行政单位、事业单位、企业、个人等。

5) 主管部门：按纳税人隶属的管理部门或总机构填写。外商投资企业不填。

（2）表中项目

土地增值税纳税申报表（二）的各主要项目内容，应根据纳税人转让的房地产项目作为填报对象。

纳税人如果同时转让两个或两个以上房地产的，应分别填报。

1）表第1栏“转让房地产收入总额”，按纳税人转让房地产所取得的全部收入额填写。

2）表第2栏“货币收入”，按纳税人转让房地产所取得的货币形态的收入额填写。

3）表第3栏“实物收入及其他收入”，按纳税人转让房地产所取得的实物形态的收入和无形资产等其他形式的收入额填写。

4）表第5栏“取得土地使用权所支付的金额”，按纳税人为取得该转让房地产项目的土地使用权而实际支付（补交）的土地出让金（地价款）数额及按国家统一规定缴纳的有关费用填写。

5）表第6栏“旧房及建筑物的评估价格”，是指根据《中华人民共和国城镇土地使用税暂行条例》和《中华人民共和国土地增值税暂行条例实施细则》等有关规定，按重置成本法评估旧房及建筑物并经当地税务机关确认的评估价格的数额。本栏由第7栏与第8栏相乘得出。如果本栏数额能够直接根据评估报告填报，则本表第7、8栏可以不必再填报。

6）表第7栏“旧房及建筑物的重置成本价”，是指按照《中华人民共和国城镇土地使用税暂行条例》和《中华人民共和国土地增值税暂行条例实施细则》规定，由政府批准设立的房地产评估机构评定的重置成本价。

7）表第8栏“成新度折扣率”，是指按照《中华人民共和国城镇土地使用税暂行条例》和《中华人民共和国土地增值税暂行条例实施细则》规定，由政府批准设立的房地产评估机构评定的旧房及建筑物的新旧程度折扣率。

8）表第10栏至表第13栏，按纳税人转让房地产时实际缴纳的有关税金的数额填写。

9）表第16栏“适用税率”，应根据《中华人民共和国城镇土地使用税暂行条例》规定的四级超率累进税率，按所适用的最高一级税率填写。

10）表第17栏“速算扣除系数”，应根据《中华人民共和国土地增值税暂行条例实施细则》第十条的规定找出相关速算扣除系数填写。

实例详解

【例3-4】 D房地产开发公司在某项目竣工前，预先售出部分房地产而取得收入100万元，假设应预缴土地增值税10万元；项目竣工后，工程全部收入250万元。按税法规定计算，该项目应交土地增值税40万元。做会计分录如下：

（1）收到预收款时

借：银行存款	1 000 000	
贷：预收账款——××买主		1 000 000

（2）按税务机关核定比例预提应交土地增值税时

借：递延所得税资产——土地增值税	100 000	
贷：应交税费——应交土地增值税		100 000

（3）预缴土地增值税时

借：应交税费——应交土地增值税　　100 000
　　贷：银行存款　　100 000

(4) 实现收入、进行结算时

借：预收账款——××买主　　1 000 000
　　银行存款　　1 500 000
　　贷：主营业务收入　　2 500 000

(5) 按土地增值税规定，计算整个工程项目收入应交土地增值税时

借：营业税金及附加　　400 000
　　贷：应交税费——应交土地增值税　　300 000
　　　　递延所得税资产——土地增值税　　100 000

(6) 缴清应交土地增值税时

借：应交税费——应交土地增值税　　300 000
　　贷：银行存款　　300 000

【例 3-5】 C非主营房地产的企业买进土地及建筑物，价值 380 万元。3 年后，该企业将土地使用权和地上建筑物一并转让给 A 企业，取得转让收入 520 万元，应交流转税 30 万元，转让时建筑物累计折旧 40 万元。做如下会计分录：

(1) 购建时

借：固定资产　　3 800 000
　　贷：银行存款　　3 800 000

(2) 转让时

借：固定资产清理　　3 400 000
　　累计折旧　　400 000
　　贷：固定资产　　3 800 000

(3) 收到 A 企业的转让收入时

借：银行存款　　5 200 000
　　贷：固定资产清理　　5 200 000

(4) 计算应交营业税等流转税时

借：固定资产清理　　300 000
　　贷：应交税费——应交营业税等　　300 000

(5) 计算应交土地增值税时

第一步：计算增值额。

增值额＝5 200 000－3 800 000－300 000＝1 100 000(元)

第二步：计算增值额占扣除项目金额的比例。

增值额占扣除项目金额的比例＝1 100 000÷4 100 000×100%＝26.83%

第三步：计算应纳税额。

1 100 000×30%＝330 000(元)

借：固定资产清理　　330 000
　　贷：应交税费——应交土地增值税　　330 000

(6) 上缴税金时

借：应交税费——应交土地增值税　　330 000
　　　　　　——应交营业税等　　300 000
　　贷：银行存款　　630 000

转让以行政划拨方式取得的国有土地使用权，如仅转让国有土地使用权，转让时应缴纳土地增值税，借记"其他业务成本"等，贷记"应交税费——应交土地增值税"；如国有土地使用权连同地上建筑物及其他附着物一并转让，转让时应缴纳土地增值税，借记"固定资产清理"，贷记"应交税费——应交土地增值税"。

【例 3-6】 D非主营房地产业务的企业转让以行政划拨方式取得的土地使用权，转让土地应补缴的土地出让金为 6 万元，取得土地使用权转让收入 30 万元，应支付营业税 2 万元(其他税费略)。计算应纳土地增值税，并做如下会计分录：

(1) 补缴出让金，记入"无形资产"时

借：无形资产　　60 000
　　贷：银行存款　　60 000

(2) 取得转让收入时

借：银行存款　　300 000
　　贷：其他业务收入　　300 000

(3) 计算应交营业税时

借：其他业务成本　　20 000
　　贷：应交税费——应交营业税　　20 000

(4) 计算应交土地增值税时

增值额＝300 000－60 000－20 000＝220 000(元)

增值率＝220 000÷80 000×100%＝275%

应纳税额＝220 000×60%－80 000×35%＝104 000(元)

借：其他业务成本　　104 000
　　贷：应交税费——应交土地增值税　　104 000

(5) 结转无形资产成本时

借：其他业务成本　　60 000

　　贷：无形资产　　60 000

(6) 缴纳土地增值税及营业税时

借：应交税费——应交土地增值税　　104 000

　　　　　　——应交营业税　　20 000

　　贷：银行存款　　124 000

(7) 结转成本时

借：其他业务收入　　184 000

　　贷：其他业务成本　　184 000

(8) 结转利润时

借：其他业务收入　　116 000

　　贷：本年利润　　116 000

【例 3-7】 主营房地产业务的远大房地产开发公司，投资开发一居住小区，因小区位置比较偏僻，开工时地价便宜，但当小区住宅建成销售时，附近新建地铁站，使该地区地价上涨，小区住宅商品房价格由原来的2 000元/平方米上升到4 000元/平方米。这时，该房地产开发公司销售10 000平方米住宅，按4 000元/平方米计算，共计收入售房款40 000 000元。该住宅实际成本为1 600元/平方米，共计成本16 000 000元。对于财务费用中的利息支出，由于该公司能够按转让房地产项目计算分摊，并能够提供金融机构证明(利率没有超过银行同类同期贷款利率计算的金额)，按规定允许据实扣除利息支出，企业实际发生利息支出150 000元。其他房地产开发费用按规定可扣除800 000元(16 000 000×5%)，营业税2 000 000元，城市维护建设税120 000元，教育费附加50 000元。计算应交土地增值税并做会计分录如下：

(1) 计算土地增值税税额

第一步：确定扣除项目金额。

扣除项目金额＝16 000 000＋150 000＋800 000＋2 000 000＋120 000＋50 000＋16 000 000×20%＝22 320 000(元)

第二步：计算增值额。

增值额＝40 000 000－22 320 000＝17 680 000(元)

第三步：计算增值额占扣除项目金额的比例。

增值额占扣除项目金额的比例＝17 680 000÷22 320 000×100%＝79%

第四步：计算土地增值税税额。

土地增值税税额＝17 680 000×40％－22 320 000×5％＝7 072 000－1 116 000＝5 956 000(元)

(2) 土地增值税的会计处理

计算应由当月营业收入负担的土地增值税时

借：营业税金及附加　　5 956 000

　　贷：应交税费——应交土地增值税　　5 956 000

实际缴纳土地增值税时

借：应交税费——应交土地增值税　　5 956 000

　　贷：银行存款　　5 956 000

【例 3-8】 兼营房地产业务的 A 金融公司，按 6 000 元/平方米的价格购入一栋两层楼房，共计 3 000 平方米，支付价款 18 000 000 元。后来，该公司没有经过任何开发，以 9 000 元/平方米的价格出售，取得转让收入 27 000 000 元，缴纳营业税等流转税 990 000 元。该公司既不能按转让房地产项目计算分摊利息支出，也不能提供金融机构证明。计算应交土地增值税并做会计分录如下：

(1) 计算土地增值税税额

第一步：确定扣除项目金额。

扣除项目金额＝18 000 000＋18 000 000×10％＋990 000＝20 790 000(元)

第二步：计算增值额。

增值额＝27 000 000－20 790 000＝6 210 000(元)

第三步：计算增值额占扣除项目金额的比例。

增值额占扣除项目金额的比例＝6 210 000÷20 790 000×100％＝29.87％

第四步：计算土地增值税税额。

土地增值税税额＝6 210 000×40％－20 790 000×5％＝2 484 000－1 039 500＝1 444 500(元)

(2) 土地增值税的会计处理

计算应由当期营业收入负担的土地增值税时

借：其他营业成本　　1 444 500

　　贷：应交税费——应交土地增值税　　1 444 500

实际缴纳土地增值税时

借：应交税费——应交土地增值税　　1 444 500

　　贷：银行存款　　1 444 500

3.6 土地增值税节税技巧

要 点

本节主要介绍利用征税范围进行节税、利用税率进行节税及利用计税依据进行节税。

解 释

◆ **利用征税范围进行节税**

土地增值税的纳税筹划应先避免被纳入征税范围，无法避免的情况下才考虑适用税率、计税依据等的筹划。

◆ **利用税率进行节税**

土地增值税适用四级超率累进税率，增值率高的，适用税率高，多纳税；增值率低的，适用税率低，少纳税。在实际操作过程中，征税对象越是分散，适用税率也就越低。

◆ **利用计税依据进行节税**

在不实际发生新增扣除项目也不减少收入的前提下，减少计税依据也能达到税务筹划的目的。在进行筹划时，增值额很关键。增值额是转让收入减除税法规定的扣除项目金额后的余额。增值额小，计税额就小，适用的税率也低，土地增值税税负就轻。因此，土地增值税筹划的关键点就是合理合法地控制、降低增值额。

实例详解

【例 3-9】 A 房地产开发企业有可供销售的 1 万平方米同档次的商品房两栋：甲房每平方米售价是 2 000 元，转让收入是 2 000 万元，它的扣除项目金额为 960 万元，增值额是 186 万元。乙房每平方米售价是 2 080 元，转让收入是 2 080 万元，它的扣除项目金额是 965 万元，增值额是 238 万元。试对甲房、乙房的纳税情况进行比较。

【筹划分析】

《土地增值税暂行条例》规定，纳税人建造普通标准住宅出售，增值额未超过扣除项目金额 20%的免征土地增值税。根据给出的数据，我们可以计算出甲房的增值率是19.38%(即186÷960×100%)。

按照税法规定,甲房的增值额没有超过扣除项目金额20%,不缴土地增值税,企业获得的利润为186万元。乙房的增值率是24.66%(即238÷965×100%),要缴纳土地增值税71.4万元(即238×30%),企业获得利润是166.6万元(即238－71.4)。

【筹划结果】

乙房的售价虽高,转让收入多了80万元,但由于需要交纳土地增值税,其最终获得的利润反而比甲房少了19.4万元。而甲房通过将增值率控制在20%以内,从而避免成为土地增值税的纳税义务人,最终获得了良好的收益。

【例3-10】 A房地产开发公司2010年同时开发了两处房产,电梯公寓(非普通住宅)的销售额为3亿元,别墅的销售额为1.6亿元。税法规定的可扣除项目金额为3.2亿元,其中电梯公寓的可扣除项目金额为2.4亿元,别墅的可扣除项目金额为8 000万元。

【筹划分析】

方案一:不申报为同一项目,该企业应缴纳土地增值税为

电梯公寓增值率＝(30 000－24 000)÷24 000×100%＝25%

应纳税额:(30 000－24 000)×30%＝1 800(万元)

别墅增值率:(16 000－8 000)÷8 000×100%＝100%

应纳税额:(16 000－8 000)×40%－8 000×5%＝2 800(万元)

合计税额:1 800＋2 800＝4 600(万元)

方案二:申报为同一项目,该企业应缴纳土地增值税为

增值率＝(30 000＋1 600－32 000)÷32 000×100%＝44%

应纳税额＝(46 000－32 000)×30%＝4 200(万元)

【筹划结果】

两方案相比,方案二比方案一多支出税金400万元。因为电梯公寓的增值率为25%,而别墅的增值率为100%,此时不分别核算就可以使别墅的增值率由于平均而降低。

【例3-11】 旺达房地产开发公司建造一套普通标准住宅时,取得土地使用权所支付的金额为5万元,房地产开发成本为10万元,按规定允许扣除的房地产开发费用为1.5万元。该公司当初定价为26万元/套,经过筹划分析,定价为25万元/套。试分析该公司为什么会将售价降低。

【筹划分析】

根据现行土地增值税的有关政策,纳税人建造普通标准住宅出售的,

增值额未超过扣除项目金额20%的，免征土地增值税，达到或超过20%的，全额计征土地增值税。在售价为25万元时，按规定扣除项目计算的允许扣除金额为20.875万元，则相关计算如下：

增值额＝25－20.875＝4.125(万元)

增值率＝4.125÷20.875×100%＝19.76%

增值额未超过扣除项目金额的20%，免征土地增值税，该公司净赚4.125万元。

若售价为26万元，按规定扣除项目计算的允许扣除金额为20.93万元。则：

增值额＝26－20.93＝5.07(万元)

增值率＝5.07÷20.93×100%＝24.22%

增值额大于扣除项目金额的20%，按规定应全额计征土地增值税，应缴纳土地增值税为：

5.07×30%＝1.521(万元)

公司净赚＝5.07－1.521＝3.549(万元)

【筹划结果】

经过计算比较我们可以看出，虽然售价26万元比售价25万元高出1万元，但由于缴纳的土地增值税的情况不同，该公司却会少赚5 760元，从而出现多卖少赚的现象。

实战训练

一、单项选择题

1. 根据《土地增值税暂行条例》及其实施细则的规定，对取得的外币收入，应按取得收入当天或当月(　　)日国家公布的外汇汇率折合人民币计算应税收入。

A. 1　　B. 3

C. 5　　D. 7

2.《土地增值税暂行条例》第六条第(一)、(三)项规定的扣除项目的金额，可按发票所载金额并从购买年度起至转让年度止每年加计(　　)计算。

A. 2%　　B. 3%

C. 5%　　D. 10%

3.《实施细则》规定，财务费用中的利息支出，凡能够按转让房地产项目计算分摊并提供金融机构证明的，允许据实扣除，但最高不能超过按

(　　)同类同期贷款利率计算的金额。

A. 商业银行　　B. 中国银行

C. 建设银行　　D. 农业银行

4.《国家税务总局关于房地产开发企业土地增值税清算管理有关问题的通知》规定，其他房地产开发费用，在按照“取得土地使用权所支付的金额”与“房地产开发成本”金额之和的(　　)以内计算扣除。

A. 3%　　B. 5%

C. 7%　　D. 10%

5. 纳税人建造普通标准住宅出售，增值额未超过扣除项目金额(　　)的，免征土地增值税。

A. 10%　　B. 20%

C. 30%　　D. 40%

6. 土地增值税的纳税人应于转让房地产合同签订之日起(　　)日内，到房地产所在地的主管税务机关办理纳税申报，并向税务机关提交房屋及建筑物产权、土地使用权证书、土地转让、房产买卖合同，房地产评估报告及其他与转让房地产有关的资料。

A. 3　　B. 5

C. 7　　D. 10

二、多项选择题

1. 下列选项中，关于土地增值税的作用，说法正确的是(　　)。

A. 土地资源属国家所有，国家为土地的完整而不受侵犯投入了巨额资金，国家应参与土地增值收益分配，并取得较大份额

B. 增强国家对房地产开发和房地产交易市场的调控

C. 增加国家财政收入，为经济建设积累资金

D. 土地收益不完全来源于土地的增值

2. 1993年年底以前，我国涉及房地产交易市场的税费，主要有契税和(　　)等。

A. 营业税　　B. 企业所得税

C. 个人所得税　　D. 土地增值税

3. 土地增值税只对(　　)等经济主体转让国有土地使用权的行为课税。

A. 企业　　B. 单位

C. 个人　　D. 集体

4. 房地产开发费用是指与房地产开发项目有关的(　　)。

A. 销售费用　　B. 待摊费用

C. 管理费用　　D. 财务费用

三、判断题

1. 土地增值税的税率是以转让房地产增值率的高低为依据来确认的，按照累进原则设计，实行分级计税。（　）

2. 房地产转让收入包括货币性收入、实物性收入和其他收入，而实务性收入和其他收入很容易核定。（　）

3. 目前的土地增值税政策，难以抑制房产开发公司通过提高房价来进一步提高利润率的冲动。（　）

4. 土地增值税是对转让国有土地使用权及其地上建筑物和附着物的行为征税。（　）

5. 土地增值税的纳税义务人是有偿转让我国国有土地使用权、地上建筑物及附着物产权，并且取得收入的企业、单位和个人。（　）

6. 根据《中华人民共和国土地管理法》，国家为了公共利益，可以依照法律规定征用集体土地，依法被征用后的土地属于国家所有。（　）

7. 取得国有土地使用权时所支付的金额是指纳税人为取得国有土地使用权所支付的地价款和按国家统一规定缴纳的有关费用。（　）

8. 根据房地产行业的通常做法，在工程出包合同中普遍规定，房产竣工之后，房地产开发企业按照工程决算价款5%～10%的比例扣留质量保证金，待房产保修期结束后再返还给建筑安装施工企业。（　）

9. 增值额是指土地增值税纳税人转让房地产所取得的收入减除规定的扣除项目金额后的余额。（　）

10. 税法规定，因国家建设需要依法征用、收回的房地产免征土地增值税。（　）

11. 企业兼并是指一个企业购买其他企业的产权，使其他企业失去法人资格或改变法人实体的一种交易行为。（　）

12. 《实施细则》第十二条规定，个人因工作调动或改善居住条件而转让原自用住房，经向税务机关申报核准，凡居住满5年或5年以上的，免予征收土地增值税；居住满2年未满5年的，减半征收土地增值税；居住未满2年的，按规定计征土地增值税。（　）

13. 土地增值税纳税申报表（二）的各主要项目内容，应根据房地产所取得的全部收入额作为填报对象。（　）

14. 土地增值税的纳税人按照税务机关核定的税额及规定的期限缴纳土地增值税。（　）

15. 土地增值税由房地产所在地的税务机关负责征收。（ ）

四、问答题

1. 简述土地增值税改革的政策取向。

2. 土地增值税纳税范围的具体界定包括什么？

3. 不征土地增值税的房地产赠与行为包括哪些情况？

4. 土地增值税实行四级超率累进税率，主要包括的范围是什么？

5. 税法准予纳税人从转让收入额中减除的扣除项目包括哪几项？

6. 税法规定，纳税人有什么情形之一的，按照房地产评估价格计算征收土地增值税？

7. 2005年国务院发布《国务院办公厅转发建设部等部门关于做好稳定住房价格工作的意见》（国办发[2005]26号），明确了普通标准住宅原则上应同时满足的条件包括哪些？

8. 土地增值税纳税申报表（一）的适用范围是什么？

五、计算题

1. C房地产开发公司转让高级公寓一栋，共获得货币收入8 500万元，获得购买方原准备盖楼的钢材2 100吨（每吨2 500元）。公司为取得土地使用权所支付的金额为1 450万元，开发土地、建房及配套设施等共支出2 110万元，开发费用共计480万元（其中：利息支出295万元，未超过扣除标准），转让房地产有关的税金共付47万元。房地产开发费用按规定的最高比例计算。请计算应纳税额。

2. 某房地产开发公司转让写字楼一幢，取得转让收入5 000万元，该公司为取得土地使用权而支付的土地价款和有关费用500万元，投入房地产开发成本为1 800万元，缴纳营业税160万元，城建税等其他税金8.5万元，房地产开发费用为180万元。请计算该公司应缴纳土地增值税税额。

3. 某房地产开发公司转让商品房一幢，取得转让收入6 000万元，该公司为取得土地使用权而支付的土地价款和有关费用700万元，投入房地产开发成本为1 800万元，缴纳营业税300万元，城建税等其他税金30万元，房地产开发费用中利息支出为200万元（能够提供金融机构证明，并按房地产项目分摊），其他房地产开发费用的计算扣除比例为5%，请计算应缴纳土地增值税税额。

若房地产开发费用中利息支出不能按房地产项目分摊，则计算应缴纳土地增值税税额。

4. 某房地产开发公司预售商品房，取得收入600万元，预缴土地增值税60万元，工程竣工后按税法规定计算应缴土地增值税80万元，做出预缴和补缴土地增值税的会计分录。

5. 某企业将“固定资产”账面上的一幢房屋转让，原值 200 万元，已提折旧 120 万元，评估重置成本 300 万元，成新率 50%，取得转让收入 400 万元，应交流转税 40 万元。计算应缴土地增值税，并做出相应会计分录。

6. 某房地产开发企业有可供销售的 2 万平方米同档次的商品房两栋：A 房每平方米售价是 3 000 元，转让收入是 6 000 万元，它的扣除项目金额为 1 920 万元，增值额是 325 万元。B 房每平方米售价是 3 080 元，转让收入是 6 080 万元，它的扣除项目金额是 1 965 万元，增值额是 358 万元。试对 A 房、B 房的纳税情况进行比较。

7. 某房地产开发公司同时开发了两处房产，电梯公寓(非普通住宅)的销售额为 6 亿元，别墅的销售额为 3.2 亿元。税法规定的可扣除项目金额为 6.4 亿元，其中电梯公寓的可扣除项目金额为 4.8 亿元，别墅的可扣除项目金额为 1.6 亿元。如何进行节税筹划？

附　录

附录 A　中华人民共和国耕地占用税暂行条例及实施细则

中华人民共和国耕地占用税暂行条例

（国务院令第 511 号）

第一条　为了合理利用土地资源，加强土地管理，保护耕地，制定本条例。

第二条　本条例所称耕地，是指用于种植农作物的土地。

第三条　占用耕地建房或者从事非农业建设的单位或者个人，为耕地占用税的纳税人，应当依照本条例规定缴纳耕地占用税。

前款所称单位，包括国有企业、集体企业、私营企业、股份制企业、外商投资企业、外国企业以及其他企业和事业单位、社会团体、国家机关、部队以及其他单位；所称个人，包括个体工商户以及其他个人。

第四条　耕地占用税以纳税人实际占用的耕地面积为计税依据，按照规定的适用税额一次性征收。

第五条　耕地占用税的税额规定如下：

（一）人均耕地不超过 1 亩的地区（以县级行政区域为单位，下同），每平方米为 10 元至 50 元；

（二）人均耕地超过 1 亩但不超过 2 亩的地区，每平方米为 8 元至 40 元；

（三）人均耕地超过 2 亩但不超过 3 亩的地区，每平方米为 6 元至 30 元；

（四）人均耕地超过 3 亩的地区，每平方米为 5 元至 25 元。

国务院财政、税务主管部门根据人均耕地面积和经济发展情况确定各省、自治区、直辖市的平均税额。

各地适用税额，由省、自治区、直辖市人民政府在本条第一款规定的税额幅度内，根据本地区情况核定。各省、自治区、直辖市人民政府核定的适用税额的平均水平，不得低于本条第二款规定的平均税额。

第六条　经济特区、经济技术开发区和经济发达且人均耕地特别少的地区，适用税额可以适当提高，但是提高的部分最高不得超过本条例第五条第三款规定的当地适用税额的50%。

第七条　占用基本农田的，适用税额应当在本条例第五条第三款、第六条规定的当地适用税额的基础上提高50%。

第八条　下列情形免征耕地占用税：

（一）军事设施占用耕地；

（二）学校、幼儿园、养老院、医院占用耕地。

第九条　铁路线路、公路线路、飞机场跑道、停机坪、港口、航道占用耕地，减按每平方米2元的税额征收耕地占用税。

根据实际需要，国务院财政、税务主管部门商国务院有关部门并报国务院批准后，可以对前款规定的情形免征或者减征耕地占用税。

第十条　农村居民占用耕地新建住宅，按照当地适用税额减半征收耕地占用税。

农村烈士家属、残疾军人、鳏寡孤独以及革命老根据地、少数民族聚居区和边远贫困山区生活困难的农村居民，在规定用地标准以内新建住宅缴纳耕地占用税确有困难的，经所在地乡（镇）人民政府审核，报经县级人民政府批准后，可以免征或者减征耕地占用税。

第十一条　依照本条例第八条、第九条规定免征或者减征耕地占用税后，纳税人改变原占地用途，不再属于免征或者减征耕地占用税情形的，应当按照当地适用税额补缴耕地占用税。

第十二条　耕地占用税由地方税务机关负责征收。

土地管理部门在通知单位或者个人办理占用耕地手续时，应当同时通知耕地所在地同级地方税务机关。获准占用耕地的单位或者个人应当在收到土地管理部门的通知之日起30日内缴纳耕地占用税。土地管理部门凭耕地占用税完税凭证或者免税凭证和其他有关文件发放建设用地批准书。

第十三条　纳税人临时占用耕地，应当依照本条例的规定缴纳耕地占用税。纳税人在批准临时占用耕地的期限内恢复所占用耕地原状的，全额退还已经缴纳的耕地占用税。

第十四条　占用林地、牧草地、农田水利用地、养殖水面以及渔业水域滩涂等其他农用地建房或者从事非农业建设的，比照本条例的规定征收耕地占用税。

建设直接为农业生产服务的生产设施占用前款规定的农用地的，不征收耕地占用税。

第十五条 耕地占用税的征收管理，依照《中华人民共和国税收征收管理法》和本条例有关规定执行。

第十六条 本条例自2008年1月1日起施行。1987年4月1日国务院发布的《中华人民共和国耕地占用税暂行条例》同时废止。

二〇〇七年十二月一日

中华人民共和国耕地占用税暂行条例实施细则

（中华人民共和国财政部 国家税务总局令第49号）

第一条 根据《中华人民共和国耕地占用税暂行条例》(以下简称条例)，制定本细则。

第二条 条例所称建房，包括建设建筑物和构筑物。

农田水利占用耕地的，不征收耕地占用税。

第三条 占用园地建房或者从事非农业建设的，视同占用耕地征收耕地占用税。

第四条 经申请批准占用耕地的，纳税人为农用地转用审批文件中标明的建设用地人；农用地转用审批文件中未标明建设用地人的，纳税人为用地申请人。

未经批准占用耕地的，纳税人为实际用地人。

第五条 条例第四条所称实际占用的耕地面积，包括经批准占用的耕地面积和未经批准占用的耕地面积。

第六条 各省、自治区、直辖市耕地占用税的平均税额，按照本细则所附的《各省、自治区、直辖市耕地占用税平均税额表》执行。

县级行政区域的适用税额，按照条例、本细则和各省、自治区、直辖市人民政府的规定执行。

第七条 条例第七条所称基本农田，是指依据《基本农田保护条例》划定的基本农田保护区范围内的耕地。

第八条 条例第八条规定免税的军事设施，具体范围包括：

（一）地上、地下的军事指挥、作战工程；

（二）军用机场、港口、码头；

（三）营区、训练场、试验场；

（四）军用洞库、仓库；

（五）军用通信、侦察、导航、观测台站和测量、导航、助航标志；

（六）军用公路、铁路专用线，军用通讯、输电线路，军用输油、输水管道；

（七）其他直接用于军事用途的设施。

第九条　条例第八条规定免税的学校，具体范围包括县级以上人民政府教育行政部门批准成立的大学、中学、小学、学历性职业教育学校以及特殊教育学校。

学校内经营性场所和教职工住房占用耕地的，按照当地适用税额缴纳耕地占用税。

第十条　条例第八条规定免税的幼儿园，具体范围限于县级人民政府教育行政部门登记注册或者备案的幼儿园内专门用于幼儿保育、教育的场所。

第十一条　条例第八条规定免税的养老院，具体范围限于经批准设立的养老院内专门为老年人提供生活照顾的场所。

第十二条　条例第八条规定免税的医院，具体范围限于县级以上人民政府卫生行政部门批准设立的医院内专门用于提供医护服务的场所及其配套设施。

医院内职工住房占用耕地的，按照当地适用税额缴纳耕地占用税。

第十三条　条例第九条规定减税的铁路线路，具体范围限于铁路路基、桥梁、涵洞、隧道及其按照规定两侧留地。

专用铁路和铁路专用线占用耕地的，按照当地适用税额缴纳耕地占用税。

第十四条　条例第九条规定减税的公路线路，具体范围限于经批准建设的国道、省道、县道、乡道和属于农村公路的村道的主体工程以及两侧边沟或者截水沟。

专用公路和城区内机动车道占用耕地的，按照当地适用税额缴纳耕地占用税。

第十五条　条例第九条规定减税的飞机场跑道、停机坪，具体范围限于经批准建设的民用机场专门用于民用航空器起降、滑行、停放的场所。

第十六条　条例第九条规定减税的港口，具体范围限于经批准建设的港口内供船舶进出、停靠以及旅客上下、货物装卸的场所。

第十七条　条例第九条规定减税的航道，具体范围限于在江、河、湖泊、港湾等水域内供船舶安全航行的通道。

第十八条　条例第十条规定减税的农村居民占用耕地新建住宅，是指农村居民经批准在户口所在地按照规定标准占用耕地建设自用住宅。

农村居民经批准搬迁，原宅基地恢复耕种，凡新建住宅占用耕地不超过原宅基地面积的，不征收耕地占用税；超过原宅基地面积的，对超过部分按照当地适用税额减半征收耕地占用税。

第十九条 条例第十条所称农村烈士家属，包括农村烈士的父母、配偶和子女。

第二十条 条例第十条所称革命老根据地、少数民族聚居地区和边远贫困山区生活困难的农村居民，其标准按照各省、自治区、直辖市人民政府有关规定执行。

第二十一条 根据条例第十一条的规定，纳税人改变占地用途，不再属于免税或减税情形的，应自改变用途之日起 30 日内按改变用途的实际占用耕地面积和当地适用税额补缴税款。

第二十二条 条例第十三条所称临时占用耕地，是指纳税人因建设项目施工、地质勘查等需要，在一般不超过 2 年内临时使用耕地并且没有修建永久性建筑物的行为。

第二十三条 因污染、取土、采矿塌陷等损毁耕地的，比照条例第十三条规定的临时占用耕地的情况，由造成损毁的单位或者个人缴纳耕地占用税。超过 2 年未恢复耕地原状的，已征税款不予退还。

第二十四条 条例第十四条所称林地，包括有林地、灌木林地、疏林地、未成林地、迹地、苗圃等，不包括居民点内部的绿化林木用地，铁路、公路征地范围内的林木用地，以及河流、沟渠的护堤林用地。

第二十五条 条例第十四条所称牧草地，包括天然牧草地、人工牧草地。

第二十六条 条例第十四条所称农田水利用地，包括农田排灌沟渠及相应附属设施用地。

第二十七条 条例第十四条所称养殖水面，包括人工开挖或者天然形成的用于水产养殖的河流水面、湖泊水面、水库水面、坑塘水面及相应附属设施用地。

第二十八条 条例第十四条所称渔业水域滩涂，包括专门用于种植或者养殖水生动植物的海水潮浸地带和滩地。

第二十九条 占用林地、牧草地、农田水利用地、养殖水面以及渔业水域滩涂等其他农用地建房或者从事非农业建设的，适用税额可以适当低于当地占用耕地的适用税额，具体适用税额按照各省、自治区、直辖市人民政府的规定执行。

第三十条　条例第十四条所称直接为农业生产服务的生产设施，是指直接为农业生产服务而建设的建筑物和构筑物。具体包括：储存农用机具和种子、苗木、木材等农业产品的仓储设施；培育、生产种子、种苗的设施；畜禽养殖设施；木材集材道、运材道；农业科研、试验、示范基地；野生动植物保护、护林、森林病虫害防治、森林防火、木材检疫的设施；专为农业生产服务的灌溉排水、供水、供电、供热、供气、通讯基础设施；农业生产者从事农业生产必需的食宿和管理设施；其他直接为农业生产服务的生产设施。

第三十一条　经批准占用耕地的，耕地占用税纳税义务发生时间为纳税人收到土地管理部门办理占用农用地手续通知的当天。

未经批准占用耕地的，耕地占用税纳税义务发生时间为纳税人实际占用耕地的当天。

第三十二条　纳税人占用耕地或其他农用地，应当在耕地或其他农用地所在地申报纳税。

第三十三条　各省、自治区、直辖市人民政府财政、税务主管部门应当将本省、自治区、直辖市人民政府制定的耕地占用税具体实施办法报送财政部和国家税务总局。

第三十四条　本细则自公布之日起实施。

附　表

各省、自治区、直辖市耕地占用税平均税额表

地　区	每平方米平均税额(元)
上海	45
北京	40
天津	35
江苏、浙江、福建、广东	30
辽宁、湖北、湖南	25
河北、安徽、江西、山东、河南、重庆、四川	22.5
广西、海南、贵州、云南、陕西	20
山西、吉林、黑龙江	17.5
内蒙古、西藏、甘肃、青海、宁夏、新疆	12.5

二〇〇八年二月二十六日

附录B 耕地占用税的部门规章

国家税务总局关于印发《耕地占用税契税减免管理办法》的通知

国税发[2004]99 号

各省、自治区、直辖市和计划单列市财政厅(局)、地方税务局:

国务院公布的第三批取消和调整的行政审批项目,耕地占用税法定减免的审批属于其中的取消项目之一。为了落实国务院关于改革行政审批制度的精神,规范耕地占用税、契税的减免管理,总局制定了《耕地占用税契税减免管理办法》。现印发给你们,请遵照执行。

财政部《关于耕地占用税减免的暂行规定》(财农税字[1990]第 56 号)同时废止。

附件:《耕地占用税契税减免管理办法》

国家税务总局

二〇〇四年八月三日

耕地占用税契税减免管理办法

第一条 为了严格执行耕地占用税、契税减免政策,简化减免管理程序,根据《中华人民共和国耕地占用税暂行条例》和《中华人民共和国契税暂行条例》,制定本办法。

第二条 凡依法应予减免的耕地占用税、契税的管理,适用本办法。

第三条 耕地占用税、契税的减免,实行申报管理制度。

申报耕地占用税减免的纳税人应在用地申请获得批准后的 30 日内,向与批准其占用耕地的土地管理机关同级的征收机关提出减免申报。

由国务院或国土资源部批准占用耕地的,由省级征收机关办理减免手续。

契税纳税人应在土地、房屋权属转移合同生效的 10 日内,向征收机关提出减免申报。计税金额在 10 000 万元(含 10 000 万元)以上的,由省级征收机关办理减免手续。

第四条 征收机关应指定专人受理、审核减免申报事项。

第五条 受理人应要求申报人如实填写减免申报表并提供相关资料，告知申报人若申报不实或虚假申报而应负的法律责任。

受理人一般应在受理当日内将减免申报表和相关资料移交审核人。申报人没有按照规定提供资料或提供的资料不够全面的，受理人应一次性告知申报人应补正的资料。

第六条 审核人应对申报人提供的资料进行审核。

对于符合减免规定的，审核人应于审核的当日办理减免手续。

对于显然不符合减免规定的，审核人应向申报人说明原因，并核定应纳税额，转入税款征收程序。

情况较为复杂需向上级征收机关请示的，审核人应向申报人说明情况，并在规定时限内办理手续。

第七条 耕地占用税、契税的减免管理，实行逐级备案制度。

占用耕地 1 000 亩(含 1 000 亩)以上的减免，征收机关应在办理减免手续完毕之日起 30 日内报国家税务总局备案。

契税的计税金额在 10 000 万元(含 10 000 万元)以上的减免，征收机关应在办理减免手续完毕之日起 30 日内报国家税务总局备案。

第八条 耕地占用税减免，应向国家税务总局备案用地批准文件和减免申报表。

契税减免，应向国家税务总局备案减免申报表。

第九条 占用耕地 1 000 亩以下的耕地占用税的减免和计税金额在 10 000 万元以下的契税减免，其备案办法由省级征收机关制定。

第十条 省级征收机关应根据备案情况定期组织检查。

第十一条 办理减免的征收机关应将办理情况，定期逐级通报基层征收机关。

基层征收机关应对减免情况进行核实，并将核实结果逐级上报至办理减免的征收机关。

第十二条 耕地占用税、契税减免申报应由征收机关受理，其他任何机关、单位和个人都无权受理。

地方各级人民政府、各级人民政府主管部门、单位和个人违反法律、行政法规规定，擅自作出的减税、免税规定无效，征收机关不得执行，并向上级征收机关报告。

第十三条 征收机关或征管人员，违反规定擅自受理、审核减免申报的，依照有关规定处理。

第十四条 各省、自治区、直辖市和计划单列市征收机关可以根据本规定制定具体的减免申报管理办法，并向社会公示。

第十五条 本规定自 2004 年 10 月 1 日起施行。

国家税务总局关于开展耕地占用税、契税执法检查工作的通知

国税发[2005]44号

天津、河北、黑龙江、江苏、浙江、安徽、福建、江西、山东、河南、湖北、湖南、广东、广西、重庆、贵州、甘肃、宁夏、新疆、青海省(自治区、直辖市)及宁波、青岛、厦门、深圳市财政厅(局),北京、山西、内蒙古、辽宁、吉林、上海、海南、四川、云南、陕西省(自治区、直辖市)及大连市地方税务局:

为严格依法治税,进一步规范和加强对耕地占用税、契税(以下简称"两税")的征收管理,充分发挥"两税"的调控作用,确保财政收入,国家税务总局决定联合财政部一同在全国范围内开展一次"两税"的执法检查。现将有关事项通知如下:

一、检查时限和范围

检查时限是2003年至2004年两个年度,有涉及税收违法行为的,应依法追溯以前年度。

检查重点是土地市场。契税方面,重点检查关于计税价格规定的执行情况;耕地占用税方面,重点检查对大型工程建设占地耕地占用税的征缴情况。

二、检查内容

(一)政策落实情况

1. 是否按照总局的要求将近两年来财政部、税务总局下发的重要文件,及时向下级征收机关转发。重要文件主要包括:《财政部　国家税务总局关于纠正地方自行制定违规契税政策的通知》(财税[2003]89号)、《国家税务总局关于印发〈耕地占用税契税减免管理办法〉的通知》(国税发[2004]99号)、《财政部国家税务总局关于国有土地使用权出让等有关契税问题的通知》(财税[2004]134号)、《国家税务总局关于征收机关直接征收契税的通知》(国税发[2004]137号)等。

2. 是否按照总局的规定制定了"两税"减免的具体操作规程,是否按要求进行了公示,是否按要求进行了逐级备案。

3. 是否按照总局文件的要求,对本地区内的违规政策进行了清理。

4. 契税直接征收工作落实和进展情况。

(二)基础工作情况

1. 征收台账是否清晰、齐全,账目记录是否准确,尾欠原因是否合理。

2. 与国土部门、房管部门建立信息渠道情况,能否及时获取国土部

门和房管部门土地占用、农用地转用以及房地产权属变更等信息。

（三）征管工作情况

1. 对于经济技术开发区、高新技术开发区等区域内耕地占用税、契税征管是否到位。

2. 是否有违规政策仍在执行，发现非法占地耕地占用税能否及时征收。

3. 在土地出让契税征管中，是否按规定进行了计税价格认定。

4. 是否按规定办理“两税”的减免，是否有越权减免的情况存在。

三、日程安排检查工作从 4 月初开始至 7 月底结束，分三个阶段进行。

（一）4 月 1 日至 5 月 15 日，自查阶段。各级征收机关要组织人员对本单位自身以及下一级征收机关的执法情况进行检查，还可以组织地区与地区之间的互相交叉检查。

（二）5 月 16 日至 6 月 15 日，自纠和总结阶段。在此阶段，各省级征收机关要对检查出来的问题进行认真梳理、纠正和整改，并写出书面总结，于 6 月 20 日前上报总局。

（三）6 月 21 日至 7 月底，重点检查阶段。在此阶段，总局将抽调各地业务骨干组成检查组，对部分省（区、市）进行重点抽查。

四、工作要求

（一）各级征收机关要统一认识，高度重视，认真组织，按照总局的部署，按时、保质完成检查任务。

（二）执行检查任务的征收机关应事先通过多种渠道了解税源情况，提前通知被检查机关准备好相关待查资料；要采取查账、实地查看等多种形式，保证不走过场；被检查的征收机关要积极配合，按照要求据实提供相关资料，以保证检查工作的顺利完成。

（三）上级征收机关要对在检查中发现的下级征收机关的问题，进行集中研究处理：

1. 凡与税法和国家统一政策相抵触的政策、文件，应严令其一律停止执行。

2. 对于查出的应征未征的税款，应严令其依法补征；按照相关政策应给予未按规定缴纳税款的企业罚款处罚的，亦令其严格执行。

3. 要将检查结果通报至被检查征收机关及其同级人民政府。对于检查过程中存在问题较多、执法情况较差的征收机关，应在通报中提出批评；对于问题严重又整改不力的，必要时可以通过新闻媒体给予曝光。

4.“两税”查补税款入库率要达到90%以上。

（四）各级征收机关要对检查中发现的问题积极进行整改。同时，要认真吸取教训，努力改进工作，避免同类问题的再次发生。

国家税务总局

二〇〇五年三月二十二日

国家税务总局关于耕地占用税征收管理有关问题的通知

国税发[2007]129号

各省、自治区、直辖市和计划单列市财政厅（局）、地方税务局：

为做好2007年12月1日国务院修订的《中华人民共和国耕地占用税暂行条例》的贯彻落实工作，进一步加强耕地占用税征收管理，现就有关问题通知如下：

一、关于纳税人的认定。耕地占用税纳税人应主要依据农用地转用审批文件认定。农用地转用审批文件中标明用地人的，用地人为纳税人；审批文件中未标明用地人的，应要求申请用地人举证实际用地人，实际用地人为纳税人；实际用地人尚未确定的，申请用地人为纳税人。占用耕地尚未经批准的，实际用地人为纳税人。

二、关于计税面积的核定。耕地占用税计税面积核定的主要依据是农用地转用审批文件，必要时应实地勘测。纳税人实际占地面积（含受托代占地面积）大于批准占地面积的，按实际占地面积计税；实际占地面积小于批准占地面积的，按批准占地面积计税。

三、关于涉税信息的取得和利用。省级征收机关应及时掌握农用地转用审批信息。省级征收机关应根据《中华人民共和国耕地占用税暂行条例》规定，加强与同级国土管理部门的协调沟通，及时获取农用地转用信息，督促各地做好税款的及时入库。

四、关于减免税的管理。各地要按照《国家税务总局关于印发〈耕地占用税契税减免管理办法〉的通知》（国税发[2004]99号），继续完善耕地占用税的减免税管理程序，落实减免税备案制度，并定期对减免税政策执行情况进行检查。

五、关于未经批准占地行为的征税问题。发现未经批准占用耕地的，应立即要求纳税人限期缴纳税款。各地要根据国家税务总局有关规定制定本地区耕地占用税举报案件的接报管理办法，明确接报责任人的工作职责和立案查处程序。接报占地面积在30亩（含30亩）以上的案件，应于初步核实后7日内向省级征收机关报告；接报占地面积在1 000

亩(含 1 000 亩)以上的案件,应逐级上报至国家税务总局(地方税务司)。

六、关于举报奖励办法。各级征收机关要按照国家税务总局、财政部《检举纳税人税收违法行为奖励暂行办法》(国家税务总局财政部令第18号)的规定,结合耕地主要集中于农村的特点,制定本地区检举占地未缴耕地占用税的具体奖励办法,细化奖励标准和奖金领取程序等事项;要广泛宣传举报奖励办法,特别是向农村居民宣传,鼓励举报行为。

七、关于追缴欠税问题。各级征收机关要组织力量,调查了解 2007 年以前耕地占用情况及耕地占用税征管情况。对于拖欠税款,应及时征收入库。要利用公告送达等多种送达手段,通知占地的纳税人限期申报。

国家税务总局

二〇〇七年十二月二十六日

财政部　国家税务总局关于耕地占用税平均税额和纳税义务发生时间问题的通知

财税[2007]176 号

各省、自治区、直辖市财政厅(局)、地方税务局,新疆生产建设兵团财务局:

为做好新修订的《中华人民共和国耕地占用税暂行条例》(国务院令第 511 号)的贯彻落实工作,现就耕地占用税平均税额和纳税义务发生时间问题通知如下:

一、各省、自治区、直辖市每平方米平均税额为:上海市 45 元;北京市 40 元;天津市 35 元;江苏、浙江、福建、广东 4 省各 30 元;辽宁、湖北、湖南 3 省各 25 元:河北、安徽、江西、山东、河南、四川、重庆 7 省市各 22.5 元;广西、海南、贵州、云南、陕西 5 省、自治区各 20 元;山西、吉林、黑龙江 3 省各 17.5 元;内蒙古、西藏、甘肃、青海、宁夏、新疆 6 省、自治区各 12.5 元。

各地依据《耕地占用税暂行条例》和上款的规定,经省级人民政府批准,确定县级行政区占用耕地的适用税额,占用林地、牧草地、农田水利用地、养殖水面以及渔业水域滩涂等其他农用地的适用税额可适当低于占用耕地的适用税额。

各地确定的县级行政区适用税额须报财政部、国家税务总局备案。

二、经批准占用耕地的,耕地占用税纳税义务发生时间为纳税人收到土地管理部门办理占用农用地手续通知的当天。

未经批准占用耕地的，耕地占用税纳税义务发生时间为实际占用耕地的当天。

请遵照执行。

财政部　国家税务总局

二〇〇七年十二月二十八日

财政部关于修建地下油气管道耕地占用税问题的复函

财农税字[1991]第 9 号

中国石油天然气总公司：

你公司中油字[1991]第 12 号文《关于免征修建地下油气管道耕地占用税的报告》收悉。经研究，答复如下：

一、根据《中华人民共和国耕地占用税暂行条例》规定，修建地下油气管道占用耕地不在免税之列，应照章征收耕地占用税。

二、你公司所属企业从事地下油气管道建设占用耕地，经土地管理部门批准占地，按部财农字[1987]第 316 号文对临时占地征税的规定"单位或个人经批准临时占用耕地超过一年的，可按规定的税额减半征收耕地占用税。占用耕地超过两年的，从第三年起，按规定的税额征收耕地占用税执行，其他非农业建设占地按条例规定照章征税。请你公司支持和协助我部做好耕地占用税征收工作，督促所属单位依法纳税。

财政部

一九九一年二月二日

财政部关于消防队、边防检查站、预备役部队缴纳耕地占用税问题的复函

财农税字[1991]第 89 号

广东省财政厅：

你厅粤财农税[1991]54 号《关于消防队、边防检查站、预备役部队占用耕地征税问题的请示》收悉。经研究，答复如下：

根据《耕地占用税暂行条例》规定，部队军事设施用地免征耕地占用税。消防队(不包括机关、企事业单位自办的消防队)、边防检查站属武警部队序列，对其车库、营房、训练场、哨卡设施占地，可视为部队军事设施免征耕地占用税；预备役部队不属人民解放军正式序列，应照章征收耕地占用税。

财政部

一九九一年十二月二十八日

财政部关于对中新苏州工业园区开发有限公司开发建设用地征免耕地占用税问题的批复

财税政字[1996]155号

江苏省财政厅：

你厅苏财农税[1996]4号《关于中新苏州工业园区开发有限公司开发建设用地征收耕地占用税的请示》收悉。经研究，批复如下：

中新苏州工业园区开发有限公司占用耕地修建道路、桥梁、水电、煤气、污水处理、邮电通讯、供热等基础设施建设后，由“三资企业”自己经营工厂或修建学校、医院等政策规定属于免税项目的，可予以免征耕地占用税；如转让给“非三资企业”经营开发或建设非免税项目的，应照章征收耕地占用税。

财政部

一九九六年八月八日

财政部　国家税务总局关于对法警训练基地建设用地征收耕地占用税问题的复函

财税字[1997]24号

广西壮族自治区财政厅：

根据《中华人民共和国耕地占用税暂行条例》和财政部《关于耕地占用税具体政策的规定》，对部队（包括武警部队）的军事设施用地免征耕地占用税。人民法院所属的法警不属于武警部队建制之列。因此，人民法院系统修建的法警训练基地（固定刑场）占用耕地，不在耕地占用税免税范围，应照章征收耕地占用税。

财政部　国家税务总局

一九九七年二月十二日

国家税务总局关于中央直属储备粮库建设有关耕地占用税征免事项的通知

国税发[1998]209号

北京、天津、河北、黑龙江、上海、江苏、浙江、安徽、福建、江西、山东、河南、湖北、湖南、广东、广西、重庆、贵州、陕西、宁夏、新疆、青海省（自治区、直辖市)及宁波、厦门、青岛、深圳市财政厅(局),山西、内蒙古、辽宁、吉林、海南、四川、云南、甘肃省(自治区)及大连市地方税务局:

国务院决定,从1998年下半年开始,在1999年夏收之前建成250亿公斤仓容的中央直属储备粮库。为了贯彻落实国务院办公厅《关于搞好中央直属储备粮库建设的通知》(国办发明电[1998]9号)精神,支持中央直属储备粮库建设,现就有关耕地占用税征免事项通知如下:

一、对国务院决定的上述中央直属储备粮库建设项目全额免征耕地占用税,并按法规程序及时办理相关手续。

二、凡不属于上述计划内的其他中央直属储备粮库和地方粮库建设项目占用耕地,应照章征收耕地占用税。

国家税务总局

一九九八年十二月九日

国家税务总局关于公路建设临时占用耕地征收耕地占用税的批复

国税函[1999]第142号

湖北省财政厅:

你厅《关于公路建设临时占地是否征收耕地占用税问题的请示》(鄂财农税发[1999]151号)收悉。经研究,现批复如下:

根据现行有关对临时占地征收耕地占用税的政策法规,对因公路建设需要临时占用耕地时间超过一年,或占用时间虽不超过一年但无法恢复耕种的,应征收耕地占用税,适用税率按公路建设用地的税额征收标准执行。对占用时间不超过一年且能恢复耕种的,免征耕地占用税。

国家税务总局

一九九九年三月二十二日

国家税务总局关于对狐狸养殖场等应否征收耕地占用税的批复

国税函[1999]466号

山东省财政厅:

你厅《关于对狐狸、海狸鼠、长毛兔养殖场占用耕地是否征收耕地占用税的请示》收悉。现批复如下:

根据现行耕地占用税法规和政策规定，凡占用耕地修建永久性建筑物的，不论其具体用途如何，都是耕地占用税的征税范围。你省莱州市曲家镇三十里堡村村民×××占用耕地修建养殖场，应按该养殖场包括狐狸、海狸鼠、长毛兔舍的全部占地面积计征耕地占用税。

国家税务总局

一九九九年七月八日

财政部　国家税务总局关于广州高校新校区项目建设用地耕地占用税问题的批复

财税[2004]16号

广东省财政厅：

你厅《关于免征广州高校新校区项目建设用地耕地占用税的请示》(粤财法[2003]82号)收悉。经研究，批复如下：

按照《中华人民共和国耕地占用税暂行条例》和《财政部关于耕地占用税具体政策的规定》(财农字[1987]206号)，广州高校新校区(原名：广州大学城)项目占用耕地修建教学用房、实验室、操场、图书馆、办公室及师生员工食堂宿舍，属于耕地占用税免税范围，应免征耕地占用税，由耕地占用单位直接到你厅办理免税手续；对于因其他用途占用的耕地，应照常征收耕地占用税。

财政部　国家税务总局

二〇〇四年一月十七日

财政部　国家税务总局关于奥运会场馆建设占用耕地免征耕地占用税的批复

财税[2004]38号

北京市财政局、地方税务局：

你们《关于奥运会场馆占用耕地申请免征耕地占用税的请示》(京财税[2003]2118号)收悉。经国务院批准，现批复如下：

为支持北京市举办2008年奥运会，同意对奥运会场馆及其配套设施建设占用耕地免征耕地占用税。

财政部　国家税务总局

二〇〇四年二月十六日

财政部关于耕地占用税若干问题的批复

财农字[1987]316号

湖北省财政厅：

你厅《关于耕地占用税征收管理工作中几个问题的请示》（财农[1987]642号）收悉。现经研究批复如下：

一、严格执行《耕地占用税暂行条例》和我部财农字[1987]206号文的有关规定，不得扩大免税、减税范围。老干部活动中心，行政机关占用耕地，不在规定的免税之列，均应照章缴纳耕地占用税。根据中共中央中发[1986]5号文件，县（市）人民武装部1986年6月改归地方建制。因此，县（市）人民武装部不适用条例关于部队军事设施免税的规定。对民政部门所办福利工厂，应认真调查核实，确属安置残疾人就业的，可按残疾人占工厂人员的比例，酌情给予减税照顾。

二、实施城乡建设规划，对城镇居民搬迁建房占用耕地，一律照征耕地占用税。

农村居民搬迁，原宅基地恢复耕种凡新建住宅占用耕地少于原宅基地的，可以免征耕地占用税；超过原宅基地的，其超过部分应照征耕地占用税。农村居民在获准占用的宅基地内。建猪圈、牛栏等，照征耕地占用税。

三、基建工程暂时停建缓建，凡工程已进行一定规模（不易恢复耕种）并准备续建的，可以不适用条例第七条关于加征耕地占用税的规定。对于尚未正式施工（不影响恢复耕种），占用超过两年不使用的，应照章加征耕地占用税。

四、临时占用耕地征税问题，应视占用时间长短区别对待。单位或个人经批准临时占用耕地超过一年的，可按规定的税额减半征收耕地占用税。占用耕地超过两年的，从第三年起，按规定的税额征收耕地占用税。

五、落实私房政策，因原房产无法退还，由占用单位新建房屋退赔的，占用耕地由建房单位纳税；作价退赔由房产主自建新房，占用耕地由房产主纳税。

六、对未经批准已占用的耕地，凡按照土地管理部门规定，1987年4月1日以后补办用地手续的，均应照章征收耕地占用税。土地管理局未成立，经政府其他部门1987年4月1日前批准征用的耕地，按规定需要到土地管理部门办理换征手续的，免征耕地占用税。

财政部

一九八七年八月二十五日

国家税务总局关于耕地占用税若干问题的批复

国税函[2001]178号

辽宁省地方税务局：

你局《关于耕地占用税有关问题的请示》(辽地税发[2001]4号)收悉。现批复如下：

一、对由于地下采煤造成耕地地表塌陷，塌陷地在一年以内经过回填垦复后恢复种植用途的，比照临时占用耕地，免征耕地占用税；其余照章征收耕地占用税。

二、城区与高速公路的连接线路属于公路范畴，对其建设占用耕地按公路建设标准征收耕地占用税；城区内的机动车道属于城市道路(国道、省道和县道的组成部分除外)，不属于公路范畴，对其建设占用耕地按一般建设项目征收耕地占用税。

三、地方政府为招商引资，以政府名义征用大片耕地成立各类开发区，实际运作中是引资一个企业，界定一个企业的具体占地范围，其他耕地是批而未占。属于此种情况的，其纳税人为办理耕地转建设用地手续的单位或个人。

四、对欠缴耕地占用税的纳税人，因各种原因形成“销业、撤业”而导致税款无法追缴的现象，因目前还没有法律、法规和规章就税款核销事项作出规定，暂继续以挂账方式处理。

国家税务总局

二〇〇一年三月五日

附录C 中华人民共和国城镇土地使用税暂行条例

中华人民共和国城镇土地使用税暂行条例

(1988年9月27日中华人民共和国国务院令第17号发布，
2006年12月31日中华人民共和国国务院令第483号修改并公布)

第一条 为了合理利用城镇土地,调节土地级差收入,提高土地使用效益,加强土地管理,制定本条例。

第二条 在城市、县城、建制镇、工矿区范围内使用土地的单位和个人,为城镇土地使用税(以下简称土地使用税)的纳税人,应当依照本条例的规定缴纳土地使用税。

前款所称单位,包括国有企业、集体企业、私营企业、股份制企业、外商投资企业、外国企业以及其他企业和事业单位、社会团体、国家机关、军队以及其他单位;所称个人,包括个体工商户以及其他个人。

第三条 土地使用税以纳税人实际占用的土地面积为计税依据,依照规定税额计算征收。

前款土地占用面积的组织测量工作,由省、自治区、直辖市人民政府根据实际情况确定。

第四条 土地使用税每平方米年税额如下:

(一) 大城市1.5元至30元;

(二) 中等城市1.2元至24元;

(三) 小城市0.9元至18元;

(四) 县城、建制镇、工矿区0.6元至12元。

第五条 省、自治区、直辖市人民政府,应当在本条例第四条规定的税额幅度内,根据市政建设状况、经济繁荣程度等条件,确定所辖地区的适用税额幅度。

市、县人民政府应当根据实际情况,将本地区土地划分为若干等级,在省、自治区、直辖市人民政府确定的税额幅度内,制定相应的适用税额标准,报省、自治区、直辖市人民政府批准执行。

经省、自治区、直辖市人民政府批准,经济落后地区土地使用税的适用税额标准可以适当降低,但降低额不得超过本条例第四条规定最低税额的30%。经济发达地区土地使用税的适用税额标准可以适当提高，但须报经财政部批准。

第六条 下列土地免缴土地使用税：

（一）国家机关、人民团体、军队自用的土地；

（二）由国家财政部门拨付事业经费的单位自用的土地；

（三）宗教寺庙、公园、名胜古迹自用的土地；

（四）市政街道、广场、绿化地带等公共用地；

（五）直接用于农、林、牧、渔业的生产用地；

（六）经批准开山填海整治的土地和改造的废弃土地，从使用的月份起免缴土地使用税5年至10年；

（七）由财政部另行规定免税的能源、交通、水利设施用地和其他用地。

第七条 除本条例第六条规定外，纳税人缴纳土地使用税确有困难需要定期减免的，由省、自治区、直辖市税务机关审核后，报国家税务局批准。

第八条 土地使用税按年计算、分期缴纳。缴纳期限由省、自治区、直辖市人民政府确定。

第九条 新征用的土地，依照下列规定缴纳土地使用税：

（一）征用的耕地，自批准征用之日起满1年时开始缴纳土地使用税；

（二）征用的非耕地，自批准征用次月起缴纳土地使用税。

第十条 土地使用税由土地所在地的税务机关征收。土地管理机关应当向土地所在地的税务机关提供土地使用权属资料。

第十一条 土地使用税的征收管理，依照《中华人民共和国税收征收管理法》及本条例的规定执行。

第十二条 土地使用税收入纳入财政预算管理。

第十三条 本条例的实施办法由省、自治区、直辖市人民政府制定。

第十四条 本条例自1988年11月1日起施行，各地制定的土地使用费办法同时停止执行。

附录D 城镇土地使用税的部门规章

国家税务局关于对核工业总公司所属企业征免土地使用税问题的若干规定

国税地[1989]7号

注释：条款失效。第三条失效，参见：《国家税务总局关于下放城镇土地使用税困难减免审批项目管理层级后有关问题的通知》(国税函[2004]940号)。

各省、自治区、直辖市税务局，各计划单列市税务局，加发南京、成都市税务局：

根据《中华人民共和国城镇土地使用税暂行条例》的规定，现对核工业总公司所属企业征免土地使用税问题规定如下：

一、对生产核系列产品的厂矿，为照顾其特殊情况，除生活区、办公区用地应依照规定征收土地使用税外，其他用地暂予免征土地使用税。

二、对除生产核系列产品厂矿以外的其他企业，如仪表企业、机械制造企业、建筑安装企业等，应依照规定征收土地使用税。

三、上述企业纳税确有困难要求照顾的，可根据《城镇土地使用税暂行条例》第七条的规定，由企业向所在地的税务机关提出减免税申请，经省、自治区、直辖市税务局审核后，报我局核批。

四、核工业企业所在地税务机关，应指定专人负责对核工业企业土地使用税的征管工作。有关企业的纳税资料应严格保密，妥善予以保管。

国家税务总局

一九八九年一月二十五日

国家税务局关于电力行业征免土地使用税问题的规定

国税地字[1989]13号

为了便于各地贯彻土地使用税暂行条例，现将电力行业征免土地使用税问题，明确如下：

一、对火电厂厂区围墙内的用地，均应照章征收土地使用税。对厂区围墙外的灰场、输灰管、输油(气)管道、铁路专用线用地，免征土地使用税；厂区围墙外的其他用地，应照章征税。

二、对水电站的发电厂房用地(包括坝内、坝外式厂房),生产、办公、生活用地,照章征收土地使用税;对其他用地给予免税照顾。

三、对供电部门的输电线路用地、变电站用地,免征土地使用税。

国家税务总局

一九八九年二月二日

国家税务局关于水利设施用地征免土地使用税问题的规定

国税地字[1989]14号

为了支持水利事业发展,根据《中华人民共和国城镇土地使用税暂行条例》规定,对水利设施用地征免土地使用税问题,明确如下:

一、对水利设施及其管护用地(如水库库区、大坝、堤防、灌渠、泵站等用地),免征土地使用税;其他用地,如生产、办公、生活用地,应照章征收土地使用税。

二、对兼有发电的水利设施用地征免土地使用税问题,比照电力行业征免土地使用税的有关规定办理。

国家税务总局

一九八九年二月三日

国家税务局关于中国海洋石油总公司及其所属公司缴纳土地使用税问题的通知

国税油字[1989]2号

辽宁、河北、山东、江苏、浙江、福建、广东省税务局,广西壮族自治区税务局,北京、天津、上海、大连市税务局,海洋石油税务管理局天津、上海、广州、湛江分局:

根据《中华人民共和国城镇土地使用税暂行条例》的规定,现对中国海洋石油总公司及其所属公司缴纳土地使用税的问题,通知如下:

一、中国海洋石油总公司及其所属公司应按照《中华人民共和国城镇土地使用税暂行条例》及其有关规定和公司使用的土地所在地省、自治区、直辖市制定的具体规定,缴纳土地使用税。

二、中国海洋石油总公司及其所属公司的土地使用税,由土地所在地税务机关管理征收。使用的土地在海洋石油税务管理局各分局和直接征收单位所在地的,由分局和直接征收单位管理征收,还是由当地市、县税务机关管理征收，由主管分局和直接征收单位与当地市、县税务局协商确定。

国家税务总局

一九八九年四月十日

国家税务局对《关于请求再次明确电力行业土地使用税征免范围问题的函》的复函

国税地字[1989]44 号

能源部：

你部能源经[1989]157 号《关于请求再次明确电力行业土地使用税征免范围问题的函》收悉。现函复如下：

一、我局国税地字[1989]第 13 号文第二条规定中的“生产”用地，是指进行工业、副业等生产经营活动的用地；水库库区用地，属于“其他用地”的范围，免征土地使用税。

二、关于火电厂厂区围墙外的煤场用地，不属于免税范围，应照章征税；厂区外的水源用地以及热电厂供热管道用地，可以比照我局国税地字[1989]第 13 号文第一条的有关规定，免征土地使用税。

三、关于电力项目建设期间土地使用税的征免问题，因其他行业也有类似问题，在我局统盘研究另行文作出规定之前，应照章征收土地使用税。纳税有困难的，由省、自治区、直辖市税务局审核后，报国家税务局批准减免。

国家税务总局

一九八九年五月二十一日

国家税务局关于对中国石油天然气总公司所属单位用地征免土地使用税问题的规定

国税地字[1989]88 号

为了贯彻国家的产业政策，支持石油工业的发展，根据《中华人民共和国城镇土地使用税暂行条例》第六条规定，现对中国石油天然气总公司所属企业、单位用地征免土地使用税问题，作如下规定。

一、下列油气生产建设用地暂免征收土地使用税：

1. 石油地质勘探、钻井、井下作业、油田地面工程等施工临时用地；

2. 各种采油(气)井、注水(气)井、水源井用地；

3. 油田内办公、生活区以外的公路、铁路专用线及输油(气、水)管道用地;

4. 石油长输管线用地;

5. 通信、输变电线路用地。

二、在城市、县城、建制镇以外工矿区内的下列油气生产、生活用地,也暂免征收土地使用税:

1. 与各种采油(气)井相配套的地面设施用地,包括油气采集、计量、接转、储运、装卸、综合处理等各种站的用地;

2. 与注水(气)井相配套的地面设施用地,包括配水、取水、转水以及供气、配气、压气、气举等各种站的用地;

3. 供(配)电、供排水、消防、防洪排涝、防风、防沙等设施用地;

4. 职工和家属居住的简易房屋、活动板房、野营房、帐篷等用地。

三、除一、二两条列举免税的土地外,其他在开征范围内的油气生产及办公、生活区用地,均应依照规定征收土地使用税。

四、为了照顾石油生产单位近年来的实际困难,对于直接用于石油生产建设的占地,在1990年年底以前,暂按当地规定的适用税额的低限征收。对其他用地,按当地规定的适用税额征收。对在工矿区范围内的油气生产、办公、生活用地,其土地使用税的税额标准,应与邻近的县城、建制镇基本一致。

国家税务总局

一九八九年八月十九日

国家税务局关于对煤炭企业用地征免土地使用税问题的规定

国税地字[1989]189号

注释:条款失效。第二条中"煤炭企业的塌陷地在未利用之前暂缓征收土地使用税的规定"失效,参见:《财政部国家税务总局关于煤炭企业未利用塌陷地城镇土地使用税政策的通知》(财税[2006]74号)。

根据《中华人民共和国城镇土地使用税暂行条例》第六条的有关规定,结合煤炭企业用地的特点,现对中国统配煤矿总公司、东北内蒙古煤炭工业联合公司所属的煤炭企业征免土地使用税问题,规定如下:

一、煤炭企业的矸石山、排土场用地,防排水沟用地,矿区办公、生活区以外的公路、铁路专用线及轻便道和输变电线路用地,火炸药库库房外安全区用地,向社会开放的公园及公共绿化带用地,暂免征收土地使用税。

二、煤炭企业的塌陷地、荒山，在未利用之前，暂缓征收土地使用税。

三、煤炭企业的报废矿井占地，经煤炭企业申请，当地税务机关审核，可以暂免征收土地使用税。但利用报废矿井搞工商业生产经营或用于居住的占地，仍应按规定征收土地使用税。

四、除上述各条列举免税的土地外，其他在开征范围内的煤炭生产及办公、生活区用地，均应依照规定征收土地使用税。

五、对于直接用于煤炭生产的占地，在1990年年底前，暂按当地规定的适用税额的低限征收土地使用税。对煤炭企业的其他占地，仍按当地规定的适用税额征收土地使用税。

六、煤炭企业依照上述规定缴纳土地使用税，确实仍有困难的，按照《中华人民共和国城镇土地使用税暂行条例》第七条的规定办理。

地方煤炭企业土地使用税的征免划分问题，由各省、自治区、直辖市税务局参照上述规定具体确定。

国家税务总局

一九八九年八月二十三日

国家税务局关于对中国海洋石油总公司及其所属公司用地征免土地使用税问题的规定

国税油发[1990]3号

为了贯彻国家的产业政策，支持海洋石油工业的发展，根据《中华人民共和国城镇土地使用税暂行条例》第六条规定，现对中国海洋石油总公司及其所属公司（以下简称中油公司）免征土地使用税问题，明确如下：

一、中油公司下列用地，暂免征收土地使用税：

1. 导管架、平台组块等海上结构物建造用地；
2. 码头用地；
3. 输油气管线用地；
4. 通信天线用地；
5. 办公、生活区以外的公路、铁路专用线、机场用地。

二、除第一条列举免税的土地外，中油公司其他在开征范围内的油气生产及办公、生活区用地，均应依照规定征收土地使用税。

国家税务总局

一九九零年二月一日

国家税务局关于煤炭企业生产用地适用税额问题的通知

国税函发[1992]1350号

我局国税函发[1991]484号文中曾规定"对直接用于煤炭生产的占地，在1991年内仍按当地规定的适用税额的低限征收土地使用税。"此规定1991年年底已到期。考虑到煤炭行业目前的实际经营情况及今后煤炭价格的变动趋势，经研究决定，对煤炭企业直接用于煤炭生产的占地，在1992年内仍按当地适用税额的低限征收土地使用税。从1993年起，对直接用于煤炭生产的占地恢复按当地适用税额征收土地使用税。个别煤炭企业纳税有困难的减免照顾问题，可按税收管理体制规定报批解决。

国家税务总局

一九九二年九月十一日

财政部　国家税务总局关于煤炭企业未利用塌陷地城镇土地使用税政策的通知

财税[2006]74号

各省、自治区、直辖市、计划单列市财政厅(局)、地方税务局，新疆生产建设兵团财务局：

为促进合理利用土地资源，提高土地使用效益，现将煤炭企业未利用塌陷地城镇土地使用税政策通知如下：

一、对位于城镇土地使用税征收范围内的煤炭企业已取得土地使用权、但未利用的塌陷地，自2006年9月1日起恢复征收城镇土地使用税。

二、《国家税务局关于对煤炭企业用地征免土地使用税问题的规定》(国税地字[1989]第89号)第二条中煤炭企业的塌陷地在未利用之前暂缓征收土地使用税的规定同时废止。

财政部　国家税务总局

二〇〇六年八月二十一日

财政部　国家税务总局
关于核电站用地征免城镇土地使用税的通知

财税[2007]124 号

各省、自治区、直辖市、计划单列市财政厅(局)、地方税务局，新疆生产建设兵团财务局：

经研究，现将核电站用地城镇土地使用税政策明确如下：

一、对核电站的核岛、常规岛、辅助厂房和通信设施用地(不包括地下线路用地)，生活、办公用地按规定征收城镇土地使用税，其他用地免征城镇土地使用税。

二、对核电站应税土地在基建期内减半征收城镇土地使用税。

三、本通知自发文之日起执行。

财政部　国家税务总局

二〇〇七年九月十日

国家税务局关于对民航机场用地
征免土地使用税问题的规定

国税地字[1989]32 号

根据国务院国发[1988]17 号《中华人民共和国城镇土地使用税暂行条例》的规定，现对民航机场用地征免土地使用税问题作如下规定：

一、机场飞行区(包括跑道、滑行道、停机坪、安全带、夜航灯光区)用地，场内外通信导航设施用地和飞行区四周排水防洪设施用地，免征土地使用税。

二、机场道路，区分为场内、场外道路。场外道路用地免征土地使用税；场内道路用地依照规定征收土地使用税。

三、机场工作区(包括办公、生产和维修用地及候机楼、停车场)用地、生活区用地、绿化用地，均须依照规定征收土地使用税。

国家税务总局

一九八九年四月六日

国家税务局关于对城市公共交通公司所属单位用地征免土地使用税问题的通知

国税地字[1989]98号

注释：条款失效。第一条、第三条失效，政策执行期限已过。

各省、自治区、直辖市税务局，各计划单列省辖市税务局，海洋石油税务管理局各分局：

为了扶持城市公共交通事业的发展，照顾公交企业的实际情况，现对城市公共交通公司所属单位使用的土地征免土地使用税问题，通知如下：

一、对城市公共交通公司所属的汽车公司、电车公司从事市区及郊区运营业务的车站、停车场用地，可由各省、自治区、直辖市税务局审批，在1989年内暂免征收土地使用税。

二、对城市公共交通公司所属的出租汽车公司、客装总厂等所使用的土地，应按规定征收土地使用税。

三、对城市公共交通公司的其他用地（如汽车维修厂、办公、生活等用地），原则上应照章征收土地使用税，纳税确有困难的，由各省、自治区、直辖市税务局根据企业的具体情况，在1989年内给予适当的减税或免税照顾。

国家税务总局

一九八九年十月三十日

国家税务局关于对交通部门的港口用地征免土地使用税问题的规定

国税地字[1989]123号

注释：条款失效。本条中关于“对港口的露天堆货场用地，原则上应征收土地使用税，企业纳税确有困难的，可由省、自治区、直辖市税务局根据其实际情况，给予定期减征或免征土地使用税的照顾”的行政许可项目已被《国家税务总局关于取消部分地方税行政审批项目的通知》取消。

根据《中华人民共和国城镇土地使用税暂行条例》第六条规定，现对交通部门的港口用地征免土地使用税问题，规定如下：

一、对港口的码头（即泊位，包括岸边码头、伸入水中的浮码头、堤岸、堤坝、栈桥等）用地，免征土地使用税。

二、对港口的露天堆货场用地，原则上应征收土地使用税，企业纳税确有困难的，可由省、自治区、直辖市税务局根据其实际情况，给予定期减征或免征土地使用税的照顾。

三、除上述规定外，港口的其他用地，应按规定征收土地使用税。

国家税务总局

一九八九年十一月十三日

国家税务局关于对中国物资储运总公司所属物资储运企业征免土地使用税问题的规定

国税地字[1989]139号

注释：条款失效。第二条失效，政策执行期限已过。

各省、自治区、直辖市税务局、各计划单列省辖市税务局，海洋石油税务管理局各分局：

根据《中华人民共和国城镇土地使用税暂行条例》第六条规定，结合物资储运行业的实际情况，现对中国物资储运总公司所属的物资储运企业用地征免土地使用税问题，规定如下：

一、对物资储运企业的仓库库房用地，办公、生活区用地以及其他非直接从事储运业务的生产、经营用地，应按规定征收土地使用税。

二、对物资储运企业的露天货场、库区道路、铁路专用线等非建筑物用地，企业纳税确有困难的，可由各省、自治区、直辖市税务局审批，在1990年12月31日前，给予减征或免征土地使用税的照顾。

国家税务总局

一九八九年十二月二十一日

国家税务局关于外单位使用铁道部所属单位的房地缴纳土地使用税问题的通知

国税函发[1990]924号

各省、自治区、直辖市税务局、各计划单列省辖市税务局，海洋石油税务管理局各分局：

关于“七五”期间铁道部所属单位征免土地使用税问题，我局已以国税地字[1989]第61号下发了通知，现将外单位使用铁道部所属单位的房地缴纳土地使用税问题，再具体通知如下：

一、凡铁道部所属单位的房产出租给铁路系统外的单位使用的，其房屋占地应由出租方（即铁道部所属单位）向土地所在地的税务机关缴纳土地使用税。出租方为铁路系统内非独立核算单位的，则由其所属相对独立核算的站、段、厂以及分局等单位负责缴纳。

二、凡土地使用权属于铁道部所属单位，现在由铁路系统外的单位使用的土地，暂由实际使用人（即铁路系统外的单位）缴纳土地使用税。

国家税务总局

一九九〇年七月二十八日

国家税务局关于中国物资储运总公司所属物资储运企业征免土地使用税问题的通知

国税函发[1992]1272 号

各省、自治区、直辖市税务局、各计划单列省辖市税务局，海洋石油税务管理局各分局：

我局国税函发[1991]200 号《国家税务局关于中国物资储运总公司所属物资储运企业土地使用税问题的通知》到 1991 年年底已经到期，应恢复征收土地使用税。但考虑到目前物资储运企业的经营状况，对中国物资储运总公司所属的物资储运企业的露天货场、库区道路、铁路专用线等非建筑物用地征免土地使用税问题，可由省、自治区、直辖市税务局按照下述原则处理：

一、对经营情况较好、有负税能力的企业，应恢复征收土地使用税。

二、对经营情况差、纳税确有困难的企业，可在授权范围内给予适当减免土地使用税的照顾。

国家税务总局

一九九二年八月十七日

国家税务局关于对经贸仓库免缴土地使用税问题的复函

国税地字[1988]32 号

对外经济贸易部：

你部外经贸输字[1988]第 1604/0756 号《关于经贸仓库免缴土地使用税的函》收悉。关于要求免征经贸部所属经贸仓库、冷库土地使用税的问题，经研究，函复如下：

国家决定开征土地使用税，目的是为了调节土地的级差收益，促进节约用地，增加财政收入，平衡财政预算。根据《中华人民共和国城镇土地使用税暂行条例》(以下简称《暂行条例》)的规定，经贸仓库、冷库均属于征税范围，因此不宜一律免征土地使用税。对纳税确有困难的企业，可根据《暂行条例》第七条的规定，向企业所在地的税务机关提出减免税申请，由省、自治区、直辖市税务机关审核后，报国家税务局批准，才可享受减免土地使用税的照顾。

国家税务总局

一九八八年十二月二十七日

国家税务局关于对军队系统用地征免城镇土地使用税的通知

国税地字[1989]83号

注：第七条已失效。

根据《中华人民共和国城镇土地位用税暂行条例》的规定，对军队自用的土地免征土地使用税。现将对军队系统其他用地征免土地使用税问题通知如下：

一、军办企业(包括军办集体企业)的用地、军队与地方联营或合资的企业用地，均应依照规定征收土地使用税。

二、军队无租出借的房产占地，由使用人代缴土地使用税。

三、军需工厂用地，凡专门生产军品的，免征土地使用税；生产经营民品的，依照规定征收土地使用税；既生产军品又生产经营民品的，可按各占的比例划分征免土地使用税。

四、从事武器修理的军需工厂，其所需的靶场、试验场、危险品销毁场用地及周围的安全区用地，免予征收土地使用税。

五、军人服务社用地，专为军人和军人家属服务的免征土地使用税，对外营业的应按规定征收土地使用税。

六、军队实行企业经营的招待所(包括饭店、宾馆)，专为军内服务的免征土地使用税；兼有对外营业的，按各占的比例划分征免土地使用税。

七、对军队整编期间交由军队房地产经营管理机构管理的营房用地，在1990年年底前，暂免征收土地使用税。军队其他部门出租、营业等房产占地，应照规定征收土地使用税。

国家税务总局

一九八九年八月十四日

国家税务局关于对司法部所属的劳改劳教单位征免土地使用税问题的规定

国税地字[1989]119号

注：条款失效。根据《国家税务总局关于公布全文失效废止部分条款失效废止的税收规范性文件目录的公告》(2011年第2号)，该文第二条部分内容："凡是生产经营用地，例如：厂房、仓库、门市部等房屋、建筑物用地及其周围土地，应征收土地使用税，管教或生活用地与生产经营用地不能划分开的，应照章征收土地使用税。"废止。

各省、自治区、直辖市税务局，各计划单列省辖市税务局，海洋石油税务管理局各分局：

根据《中华人民共和国城镇土地使用税暂行条例》第六条的规定，结合劳改劳教单位的特点，现对司法部所属的劳改劳教单位征免城镇土地使用税问题规定如下：

一、对少年犯管教所的用地和由国家财政部门拨付事业经费的劳教单位自用的土地，免征土地使用税。

二、对劳改单位及经费实行自收自支的劳教单位的工厂、农场等，凡属于管教或生活用地，例如：办公室、警卫室、职工宿舍、犯人宿舍、储藏室、食堂、礼堂、图书室、阅览室、浴室、理发室、医务室等房屋、建筑物用地及其周围土地，均免征土地使用税；凡是生产经营用地，例如：厂房、仓库、门市部等房屋、建筑物用地及其周围土地，应征收土地使用税。管教或生活用地与生产经营用地不能划分开的，应照章征收土地使用税。

三、对监狱的用地，若主要用于关押犯人，只有极少部分用于生产经营的，可从宽掌握，免征土地使用税。但对设在监狱外部的门市部、营业部等生产经营用地，应征收土地使用税；对生产设施较大的监狱，可以比照本规定第二条办理。具体由各省、自治区、直辖市税务局根据情况确定。

国家税务总局

一九八九年十一月十日

国家税务局关于对矿山企业征免土地使用税问题的通知

国税地字[1989]122号

各省、自治区、直辖市税务局，各计划单列省辖市税务局，海洋石油税务管理局各分局：

根据《中华人民共和国城镇土地使用税暂行条例》第六条的规定，现对矿山企业（包括黑色冶金矿和有色金属矿及除煤矿外的其他非金属矿）的用地征免土地使用税问题，通知如下：

一、对矿山的采矿场、排土场、尾矿库、炸药库的安全区、采区运矿及运岩公路、尾矿输送管道及回水系统用地，免征土地使用税。

二、对矿山企业采掘地下矿造成的塌陷地以及荒山占地，在未利用之前，暂免征收土地使用税。

三、除上述规定外，对矿山企业的其他生产用地及办公、生活区用地，应照章征收土地使用税。

国家税务总局

一九八九年十一月十日

国家税务局关于对盐场、盐矿征免城镇土地使用税问题的通知

国税地字[1989]141号

根据《中华人民共和国城镇土地使用税暂行条例》第六条规定，经研究，现对盐场、盐矿用地征免土地使用税的问题，规定如下：

一、对盐场、盐矿的生产厂房、办公、生活区用地，应照章征收土地使用税。

二、对盐场的盐滩、盐矿的矿井用地，暂免征收土地使用税。

三、对盐场、盐矿的其他用地，由省、自治区、直辖市税务局根据实际情况，确定征收土地使用税或给予定期减征、免征的照顾。

国家税务总局

一九八九年十二月二十二日

国家税务局关于建材企业的采石场、排土场等用地征免土地使用税问题的批复

国税函发[1990]853号

贵州省税务局：

你局黔税政二字[1990]第69号《关于对水泥厂等企业征免土地使用税的请示报告》收悉。经研究，同意你局意见，对石灰厂、水泥厂、大

理石厂、沙石厂等企业的采石场、排土场用地，炸药库的安全区用地以及采区运岩公路，可以比照我局国税地字[1989]第122号《关于对矿山企业征免土地使用税问题的通知》予以免税；对上述企业的其他用地，应予征税。

国家税务总局

一九九零年七月二十日

国家税务局关于对邮电部门所属企业恢复征收城镇土地使用税的通知

国税函发[1991]209号

各省、自治区、直辖市税务局，各计划单列市税务局，海洋石油税务管理局各分局：

我局国税地字[1989]第129号《关于对邮电部门所属企业征免城镇土地使用税问题的通知》中规定，邮电部门所属的邮政企业和坐落在城市、县城以外的电信企业自用的土地，1990年暂免征收土地使用税一年。现免税期限已满。经研究决定，从1991年起，对邮电部门所属的邮政、电信企业恢复征收城镇土地使用税。特此通知。

国家税务总局

一九九一年一月十九日

国家税务局关于林业系统征免土地使用税问题的通知

国税函发[1991]1404号

根据国务院《关于研究解决森工企业困难问题的会议纪要》精神，结合林业系统的实际情况，经研究，现对林业系统征免土地使用税的问题，通知如下：

一、对林区的有林地、运材道、防火道、防火设施用地，免征土地使用税。林业系统的森林公园、自然保护区，可比照公园免征土地使用税。

二、林业系统的林区储木场、水运码头用地，原则上应按税法规定缴纳土地使用税，考虑到林业系统目前的困难，为扶持其发展，在1991年12月31日前，暂予免征土地使用税。

三、除上述列举免税的土地外，对林业系统的其他生产用地及办公、生活区用地，应照章征收土地使用税。

国家税务总局

一九九一年十一月一日

财政部　国家税务总局关于中国兵器工业集团公司和兵器装备集团公司所属企业城镇土地使用税政策的通知

财税[2006]92号

各省、自治区、直辖市、计划单列市财政厅(局)、地方税务局，新疆生产建设兵团财务局：

经国务院批准，自2006年1月1日起至2008年12月31日止，对中国兵器工业集团公司和兵器装备集团公司所属专门生产枪炮弹、火炸药、引信、火工品的企业，除办公、生活区用地外，其他用地继续免征城镇土地使用税。

国家税务总局

二〇〇六年七月七日

国家土地管理局　国家税务局关于提供土地使用权属资料问题的通知

国土[籍]字[1988]189号

《中华人民共和国城镇土地使用税暂行条例》(以下简称《条例》)自1988年11月1日起施行。《条例》第十条规定："土地使用税由土地所在地的税务机关征收，土地管理机关应当向土地所在地的税务机关提供土地使用权属资料。"

为做好此项工作，经国家土地管理局、国家税务局共同研究商定：

1. 为做好城镇土地使用税的征收工作，土地管理部门和税务部门要密切合作。

2. 各级土地管理部门，应根据国家土地管理局[1988]国土[籍]字100号文件要求，加快土地使用权申报工作及地籍调查、权属审核的步伐，及早向税务部门提供土地使用权属资料。

3. 各级税务部门，对纳税人实际占用土地面积的确定，应根据《条例》规定的精神，以省、自治区、直辖市人民政府组织测量的土地面积为计税依据；尚未组织测量的，以政策部门核发的土地使用证书或土地管理部门提供的土地使用权属资料所确认的土地面积为计税依据：尚未核发土地使用证书或土地管理部门尚未提供土地权属资料的，暂以纳税人(土地使用者)据实申报的土地面积为计税依据。今后随着土地使用权申报、登记、发证和地籍测量工作的进展，再作相应调整。

4. 土地管理部门在审批用地时，必须及时地对用地单位占地情况进行勘测，测定权属界线，计算其占地面积，并按登记手续办理登记、建档。把每年几十万起审批的用地单位的地籍档案建立起来，提供税务部门使用。

国家土地管理局　国家税务总局

一九八八年十二月十六日

国家税务总局关于对已缴纳土地使用金的土地使用者应征收城镇土地使用税的批复

国税函发[1998]669 号

宁波市地方税务局：

你局《关于对已缴纳土地使用金的土地使用者是否征收土地使用税的请示》收悉。经研究，现答复如下：

为了合理利用城镇土地，用经济手段加强对土地的控制和管理，调节不同地区、不同地段之间的级差收入，促使土地使用者节约用地，《中华人民共和国城镇土地使用税暂行条例》（国务院 1988 年第 17 号令）规定，凡在城市、县城、建制镇、工矿区范围内使用土地的单位和个人是城镇土地使用税的纳税义务人，应依照条例的规定缴纳城镇土地使用税。因此，土地使用者不论以何种方式取得土地使用权，是否缴纳土地使用金，只要在城镇土地使用税的开征范围内，都应依照规定缴纳城镇土地使用税。

国家税务总局

一九九八年十一月十二日

国家税务总局关于城镇土地使用税部分行政审批项目取消后加强后续管理工作的通知

国税函发[2004]939 号

各省、自治区、直辖市和计划单列市地方税务局：

为贯彻执行《国务院关于第三批取消和调整行政审批项目的决定》（国发[2004]16 号），做好城镇土地使用税有关行政审批项目取消后的管理工作，现就有关问题通知如下：

一、对国家税务局关于印发《关于土地使用税若干具体问题的补充规定》（国税地字[1989]第 140 号）中第十条关于企业搬迁后原场地不使用的、第十二条关于企业范围内的荒山等占地尚未利用的，经各省、自治区、直辖市税务局审批，可暂免征收土地使用税的规定作适当修改，取消经各省、自治区、直辖市税务局审批的内容。

企业搬迁后原场地不使用的、企业范围内荒山等尚未利用的土地，免征城镇土地使用税。免征税额由企业在申报缴纳城镇土地使用税时自行计算扣除，并在申报表附表或备注栏中作相应说明。

二、对搬迁后原场地不使用的和企业范围内荒山等尚未利用的土地，凡企业申报暂免征收城镇土地使用税的，应事先向土地所在地的主管税务机关报送有关部门的批准文件或认定书等相关证明材料，以备税务机关查验。具体报送材料由各省、自治区、直辖市和计划单列市地方税务局确定。

三、企业按上述规定暂免征收城镇土地使用税的土地开始使用时，应从使用的次月起自行计算和申报缴纳城镇土地使用税。

四、税务机关要加强城镇土地使用税的税源管理，摸清纳税人土地的使用状况，并设立城镇土地使用税税源管理台账。有条件的地方要充分利用信息化手段，建立城镇土地使用税信息管理系统，及时掌握企业有关城镇土地使用税的申报、纳税、免税情况，加强税源管理。

五、税务机关应对上述暂免征收城镇土地使用税的土地进行调查核实，如发现虚假情况，按《中华人民共和国税收征收管理法》的有关规定处理。

六、各省、自治区、直辖市和计划单列市地方税务局应根据本通知的精神制定具体的管理办法，并告知城镇土地使用税的纳税人。

七、本通知自2004年7月1日起执行。

国家税务总局

二○○四年八月十二日

国家税务总局关于下放城镇土地使用税困难减免审批项目管理层级后有关问题的通知

国税函发[2004]940号

各区县(自治县、市)地方税务局，市局各直属单位：

根据方便纳税人和有利于税收管理的原则，现将《国务院关于第三批取消和调整行政审批项目的决定》(国发[2004]16号)中，关于下放“城镇土地使用税困难减免审批”管理层级的行政审批项目实施后有关管理问题通知如下：

一、纳税人因缴纳城镇土地使用税确有困难（含遭受自然灾害）需要减税免税的，不再报国家税务总局审批。

二、纳税人办理城镇土地使用税困难减免税须提出书面申请并提供相关情况材料，报主管地方税务机关审核后，由省、自治区、直辖市和计划单列市地方税务局审批。

三、城镇土地使用税减免税审批权限应集中在省级（含计划单列市）地方税务机关，不得下放。

四、各省、自治区、直辖市和计划单列市地方税务部门在办理减免税审批时，应当按照国家的产业政策、土地管理的有关规定和企业的实际情况严格把关。对国家限制发展的行业、占地不合理的企业，一般不予减税免税；对国家不鼓励发展以及非客观原因发生纳税困难的，原则上也不给予减税免税；其他情况确实需要减税免税的，应当认真核实情况，从严掌握。

五、各地要结合本地实际情况，按照提高审批效率，强化服务管理的要求，制定和规范城镇土地使用税减免税审批的程序和管理办法，并报国家税务总局备案。

六、本规定自2004年7月1日起执行。《国家税务总局关于适当下放城镇土地使用税减免税审批权限的通知》（国税发[1992]53号）同时废止。

国家税务总局

二〇〇四年十月十八日

国家税务总局关于进一步加强城镇土地使用税和土地增值税征收管理工作的通知

国税发[2004]100号

各省、自治区、直辖市和计划单列市地方税务局：

今年以来，针对国民经济发展中存在的一些行业、地区固定资产投资增长过快问题，党中央、国务院采取了多项宏观调控措施加以解决。其中严格土地管理，制止乱占滥用土地，促进土地合理利用是一项重要内容。为配合国家开展土地市场的治理整顿，发挥税收的调节作用，为国家经济发展大局服务，必须进一步加强城镇土地使用税和土地增值税的征收管理工作。

城镇土地使用税和土地增值税开征以来，征管工作总体情况是好的。

特别是去年全国地方税管理工作会议以后，在加强征管和组织收入等方面，各地做了大量工作，取得了一定成效，但仍存在一些问题。主要是一些地方对小税种的征管不够重视，认为征收成本高，部门配合难度大，因而管理上比较粗放，一些地方还存在对减免税控制不严和越权减免税等问题；还有一些地方未能随着城镇的发展变化及时调整土地等级和土地使用税单位税额，致使收入规模长期偏低，未能有效地发挥土地使用税的作用。为认真做好城镇土地使用税和土地增值税的征收管理工作，充分发挥其促进合理利用城镇土地、调节土地级差收入、提高土地使用效益的作用，现就进一步加强城镇土地使用税和土地增值税征收管理工作提出以下要求：

一、要重视和加强城镇土地使用税和土地增值税的征收工作。这两个税种收入规模小，征收难度大，但其在规范和引导土地市场健康、有序发展，贯彻国家产业政策方面具有积极的作用。各地要进一步加强基础征管工作，查找税源管理中的薄弱环节与漏洞，深入挖掘增收的潜力，完善管理办法和操作规程，不断提高这两个税种的征管质量和精细化管理水平。

二、要严格按照减免税的管理权限和减免税审批程序办事。根据国家宏观调控的要求和清理整顿工作重点，认真清理、从严控制各类开发区、各类园区用地和属于国家产业政策限制发展行业用地的减免税。本通知下发后各地要全面清理城镇土地使用税的减免规定，属于越权减免的要立即纠正并恢复征税；除经批准开发建设经济适用房的用地外，对各类房地产开发用地一律不得减免城镇土地使用税。1994 年 1 月 1 日前签订开发及转让合同的房地产免征土地增值税的优惠政策已经到期，对仍未按规定恢复征税的要立即纠正。

三、要针对本地区土地等级划分不合理，城镇土地使用税单位税额偏低，增量不足的状况，借鉴兄弟省市的工作经验，认真调查研究，充分运用城镇土地使用税税源数据库更新后的数据资料，及时、合理地调整土地等级，适当提高单位税额，以充分发挥其调节土地级差收入的作用，增加地方收入。

四、要进一步建立健全土地增值税的税源登记和纳税申报制度，规范房地产转让收入、扣除项目金额的确定和评估管理办法，搞好委托代征，特别要注意完善土地增值税的预征办法，结合各地实际及不同类型房地产开发转让的土地增值收益情况，科学合理地确定预征率，在房地产转让后，要予以清算，多退少补。

五、要加强城镇土地使用税和土地增值税政策执行情况的调研，对政策执行中的有关情况和问题要认真研究、及时反馈、提出建议，以便完善相关政策规定；对征管工作中遇到的新情况、新问题，要及时采取措施，提出解决的意见和办法，进一步规范征收管理。

国家税务总局

二〇〇四年八月五日

财政部关于国营企业缴纳土地使用税有关财务处理问题的通知

财工字[1988]522 号

根据国务院令第 17 号《中华人民共和国城镇土地使用税暂行条例》规定，从 1988 年 11 月 1 日起，对在城市、县城、建制镇、工矿区范围内使用土地的单位和个人，开征土地使用税。现将国营企业缴纳土地使用税的有关财务问题通知如下：

企业按规定缴纳的土地使用税在企业管理费中列支。

财政部

一九八八年十月十七日

国家税务局关于检发《关于土地使用税若干具体问题的解释和暂行规定》的通知

国税地字[1988]15 号

各省、自治区、直辖市税务局，各计划单列市税务局，加发南京、成都市税务局，海洋石油税务局各分局：

为了便于各地贯彻执行国务院发布的《中华人民共和国城镇土地使税暂行条例》，经征求各地意见，国家税务局拟定了《关于土地使用部若干具体问题的解释和暂行规定》，现印发给你们，请结合本地的实际情况，研究贯彻执行。执行中有什么问题，请及时报告。

附件：关于土地使用税若干具体问题的解释和暂行规定

一、关于城市、县城、建制镇、工矿区范围内土地的解释

城市、县城、建制镇、工矿区范围内土地，是指在这些区域范围内属于国家所有和集体所有的土地。

二、关于城市、县城、建制镇、工矿区的解释

城市是指经国务院批准设立的市。

县城是指县人民政府所在地。

建制镇是指经省、自治区、直辖市人民政府批准设立的建制镇。

工矿区是指工商业比较发达,人口比较集中,符合国务院规定的建制镇标准,但尚未设立镇建制的大中型工矿企业所在地。工矿区须经省、自治区、直辖市人民政府批准。

三、关于征税范围的解释

城市的征税范围为市区和郊区。

县城的征税范围为县人民政府所在的城镇。

建制镇的征税范围为镇人民政府所在地。

城市、县城、建制镇、工矿区的具体征税范围,由各省、自治区、直辖市人民政府划定。

四、关于纳税人的确定

土地使用税由拥有土地使用权的单位或个人缴纳。拥有土地使用权的纳税人不在土地所在地的,由代管人或实际使用人纳税;土地使用权未确定或权属纠纷未解决的,由实际使用人纳税;土地使用权共有的,由共有各方分别纳税。

五、关于土地使用权共有的,如何计算缴纳土地使用税

土地使用权共有的各方,应按其实际使用的土地面积占总面积的比例,分别计算缴纳土地使用税。

六、关于纳税人实际占用的土地面积的确定

纳税人实际占用的土地面积,是指由省、自治区、直辖市人民政府确定的单位组织测定的土地面积。尚未组织测量,但纳税人持有政府部门核发的土地使用证书的,以证书确认的土地面积为准;尚未核发土地使用证书的,应由纳税人据实申报土地面积。

七、关于大、中、小城市的解释

大、中、小城市以公安部门登记在册的非农业正式户口人数为依据,按照国务院颁布的《城市规划条例》中规定的标准划分。现行的划分标准是:市区及郊区非农业人口总计在50万以上的,为大城市;市区及郊区非农业人口总计在20万至50万的,为中等城市;市区及郊区非农业人口总计在20万以下的,为小城市。

八、关于人民团体的解释

人民团体是指经国务院授权的政府部门批准设立或登记备案并由国家拨付行政事业费的各种社会团体。

九、关于由国家财政部门拨付事业经费的单位的解释

由国家财政部门拨付事业经费的单位,是指由国家财政部门拨付经

费、实行全额预算管理或差额预算管理的事业单位。不包括实行自收自支、自负盈亏的事业单位。

十、关于免税单位自用土地的解释

国家机关、人民团体、军队自用的土地，是指这些单位本身的办公用地和公务用地。

事业单位自用的土地，是指这些单位本身的业务用地。

宗教寺庙自用的土地，是指举行宗教仪式等的用地和寺庙内的宗教人员生活用地。

公园、名胜古迹自用的土地，是指供公共参观游览的用地及其管理单位的办公用地。

以上单位的生产、营业用地和其他用地，不属于免税范围，应按规定缴纳土地使用税。

十一、关于直接用于农、林、牧、渔业的生产用地的解释

直接用于农、林、牧、渔业的生产用地，是指直接从事于种植、养殖、饲养的专业用地，不包括农副产品加工场地和生活、办公用地。

十二、关于征用的耕地与非耕地的确定

征用的耕地与非耕地，以土地管理机关批准征地的文件为依据确定。

十三、关于开山填海整治的土地和改造的废弃土地及其免税期限的确定

开山填海整治的土地和改造的废弃土地，以土地管理机关出具的证明文件为依据确定；具体免税期限由各省、自治区、直辖市税务局在《城镇土地使用税暂行条例》规定的期限内自行确定。

十四、关于纳税人使用的土地不属于同一省（自治区、直辖市）管辖范围的，如何确定纳税地点

纳税人使用的土地不属于同一省（自治区、直辖市）管辖范围的，应由纳税人分别向土地所在地的税务机关缴纳土地使用税。

在同一省（自治区、直辖市）管辖范围内，纳税人跨地区使用的土地，如何确定纳税地点，由各省、自治区、直辖市税务局确定。

十五、关于公园、名胜古迹中附设的营业单位使用的土地，应否征收土地使用税

公园、名胜古迹中附设的营业单位，如影剧院、饮食部、茶社、照相馆等使用的土地，应征收土地使用税。

十六、关于对房管部门经租的公房用地，如何征收土地使用税

房管部门经租的公房用地，凡土地使用权属于房管部门的，由房管部门缴纳土地使用税。

十七、关于企业办的学校、医院、托儿所、幼儿园自用的土地，可否免征土地使用税

企业办的学校、医院、托儿所、幼儿园，其用地能与企业其他用地明确区分的，可以比照由国家财政部门拨付事业经费的单位自用的土地，免征土地使用税。

十八、下列土地的征免税，由省、自治区、直辖市税务局确定

1. 个人所有的居住房屋及院落用地；
2. 房产管理部门在房租调整改革前经租的居民住房用地；
3. 免税单位职工家属的宿舍用地；
4. 民政部门举办的安置残疾人占一定比例的福利工厂用地；
5. 集体和个人办的各类学校、医院、托儿所、幼儿园用地。

国家税务总局

一九八八年十月二十四日

国家税务局对“关于《中华人民共和国城镇土地使用税暂行条例》第六条中‘宗教寺庙’适用范围的请示”的复函

国税地字[1988]20号

国务院宗教事务管理局：

你局宗发字[1988]386号文件收悉。现答复如下：

关于《中华人民共和国城镇土地使用税暂行条例》第六条中的宗教寺庙自用的土地，我局已在国税地字[1988]第15号《关于土地使用税若干具体问题的解释和暂行规定》中作了解释，即“宗教寺庙自用的土地，是指举行宗教仪式等的用地和寺庙内的宗教人员生活用地。”这里的“宗教寺庙”包括寺、庙、宫、观、教堂等各种宗教活动场所。

国家税务总局

一九八八年十一月十八日

国家税务局关于印发《关于土地使用税若干具体问题的补充规定》的通知

国税地字[1989]140号

注释：条款失效。第九条失效，参见：《财政部国家税务总局关于调整城镇土地使用税有关减免税政策的通知》，财税[2004]180号。

（通知略）

关于土地使用税若干具体问题的补充规定

根据《中华人民共和国城镇土地使用税暂行条例》的规定，现将若干具体问题明确如下：

一、关于对免税单位与纳税单位之间无偿使用的土地应否征税问题

对免税单位无偿使用纳税单位的土地（如公安、海关等单位使用铁路、民航等单位的土地），免征土地使用税；对纳税单位无偿使用免税单位的土地，纳税单位应照章缴纳土地使用税。

二、关于对纳税单位与免税单位共同使用多层建筑用地的征税问题

纳税单位与免税单位共同使用共有使用权土地上的多层建筑，对纳税单位可按其占用的建筑面积占建筑总面积的比例计征土地使用税。

三、关于对缴纳农业税的土地应否征税问题

凡在开征范围内的土地，除直接用于农、林、牧、渔业的按规定免予征税以外，不论是否缴纳农业税，均应照章征收土地使用税。

四、关于对基建项目在建期间的用地应否征税问题

对基建项目在建期间使用的土地，原则上应照章征收土地使用税。但对有些基建项目，特别是国家产业政策扶持发展的大型基建项目占地面积大，建设周期长，在建期间又没有经营收入，为照顾其实际情况，对纳税人纳税确有困难的，可由各省、自治区、直辖市税务局根据具体情况予以免征或减征土地使用税；对已经完工或已经使用的建设项目，其用地应照章征收土地使用税。

五、关于对城镇内的集贸市场（农贸市场）用地应否征税问题

城镇内的集贸市场（农贸市场）用地，按规定应征收土地使用税。为了促进集贸市场的发展及照顾各地的不同情况，各省、自治区、直辖市税务局可根据具体情况自行确定对集贸市场用地征收或者免征土地使用税。

六、关于对房地产开发公司建造商品房的用地应否征税问题

房地产开发公司建造商品房的用地，原则上应按规定计征土地使用税。但在商品房出售之前纳税确有困难的，其用地是否给予缓征或减征、免征照顾，可由各省、自治区、直辖市税务局根据从严的原则结合具体情况确定。

七、关于对落实私房政策后已归还产权，但房主尚未能收回的房屋用地，可否给予减免税照顾问题

原房管部门代管的私房，落实政策后，有些私房产权已归还给房主，但由于各种原因，房屋仍由原住户居住，并且住户仍是按照房管部门在房租调整改革之前确定的租金标准向房主缴纳租金。对这类房屋用地，房主缴纳土地使用税确有困难的，可由各省、自治区、直辖市税务局根据实际情况，给予定期减征或免征土地使用税的照顾。

八、关于对防火、防爆、防毒等安全防范用地应否征税问题

对于各类危险品仓库、厂房所需的防火、防爆、防毒等安全防范用地，可由各省、自治区、直辖市税务局确定，暂免征收土地使用税；对仓库库区、厂房本身用地，应照章征收土地使用税。

九、关于对关闭、撤销的企业占地应否征税问题

企业关闭、撤销后，其占地未作他用的，经各省、自治区、直辖市税务局批准，可暂免征收土地使用税；如土地转让给其他单位使用或企业重新用于生产经营的，应依照规定征收土地使用税。

十、关于对搬迁企业的用地应如何征税问题

企业搬迁后，其原有场地和新场地都使用的，均应照章征收土地使用税；原有场地不使用的，经各省、自治区、直辖市税务局审批，可暂免征收土地使用税。

十一、关于对企业的铁路专用线、公路等用地应否征税问题

对企业的铁路专用线、公路等用地，除另有规定者外，在企业厂区（包括生产、办公及生活区）以内的，应照章征收土地使用税：在厂区以外、与社会公用地段未加隔离的，暂免征收土地使用税。

十二、关于对企业范围内的荒山、林地、湖泊等占地应否征收土地使用税问题。

对企业范围内的荒山、林地、湖泊等占地，尚未利用的，经各省、自治区、直辖市税务局审批，可暂免征收土地使用税。

十三、关于对企业的绿化用地可否免征土地使用税问题

对企业厂区（包括生产、办公及生活区）以内的绿化用地，应照章征收土地使用税，厂区以外的公共绿化用地和向社会开放的公园用地，暂免征收土地使用税。

国家税务总局

一九八九年十二月二十一日

国家税务局关于房产管理部门经租的居民住房用地在房租调整改革后征收土地使用税问题的批复

国税函发[1991]403号

山东省税务局：

你局鲁税三[1991]42号文收悉。关于房产管理部门在房租调整改革前经租的居民住房用地，在房租调整改革后是否征收土地使用税的问题，现明确如下：

我局在国税地字[1988]第15号《关于土地使用税若干具体问题的解释和暂行规定》中，对房产管理部门在房租调整改革前经租的居民住房用地，规定由各省、自治区、直辖市税务局确定征免土地使用税。这样规定，主要是考虑到在房租调整改革前，房产管理部门经租居民住房收取的租金标准一般较低，许多地方纳税确有困难的实际情况而制定的一项临时性照顾措施。房租调整改革后，房产管理部门经租的居民住房用地（不论是何时经租的），都应照章缴纳土地使用税。

至于房租调整改革后，有的房产管理部门按规定缴纳土地使用税还有实际困难的，可按税收管理体制的规定，报经批准后再给予适当的减征或免征土地使用税的照顾。

国家税务总局

一九九一年三月九日

国家税务局关于受让土地使用权者应征收土地使用税问题的批复

国税函发[1993]501号

成都市税务局：

你局成税函[1992]463号《关于对国内受让土地者是否征收土地使用税的请示》收悉。对通过有偿出让方式取得国有土地使用权的国内单位和个人是否征收土地使用税的问题，经研究，批复如下：

国家开征土地使用税，是为了合理利用城镇土地，调节土地级差收入，提高土地使用效益，加强土地管理。因而，《中华人民共和国城镇土地使用税暂行条例》第二条规定："在城市、县城、建制镇、工矿区范围内使用土地的单位和个人，为城镇土地使用税纳税义务人，应当依照本条例的规定缴纳土地使用税。"《中华人民共和国城镇国有土地使用权出让和转让暂行条例》第四十九条也明确规定："土地使用者应当依照国家税收法规的规定纳税。"因此，凡在土地使用税开征区范围内使用土地的单位和个人，不论通过出让方式还是转让方式取得的土地使用权，都应依法缴纳土地使用税。

国家税务总局

一九九三年三月二十四日

财政部　国家税务总局关于吉林省遭受自然灾害企业减免城镇土地使用税问题的批复

财税字[1995]54 号

吉林省财政厅、地方税务局：

你省《关于遭受自然灾害企业减免土地使用税的请示》(吉地税地字(1994)123 号)收悉。经研究，根据集中税权、从严控制减免税的原则和现行城镇土地作用税减免税管理权限的规定，现批复如下：

一、对遭受自然灾害需要减免城镇土地使用税的企业，单位年减免土地使用税税额在 10 万元以下的，经当地财政局、地方税务局核实，报省财政厅(局)、省地方税务局审批；年减免税额在 10 万元以上(含 10 万元)的，经省财政厅(局)、省地方税务局审核后，报财政部、国家税务总局审批。

二、省财政、地方税务部门在办理受灾企业城镇土地使用税减免税审核或审批时，必须摸清情况，严格把关。对受灾情况严重，确实无力缴纳城镇土地使用税的企业，在核实情况后，要尽快予以办理，以帮助企业进行自救和恢复生产；对受灾情况不太严重的企业，原则上不予减免城镇土地使用税。

三、城镇土地使用税减免税审批权应集中在省财政厅、地方税务局，不得层层下放。省财政厅、地方税务局应将减免城镇土地使用税审批的情况汇总报财政部、国家税务总局备案。

四、报财政部、国家税务总局审批的减免税，在申请报告中应附土地使用税减免税汇总表和按企业填报的土地使用税减免税明细表(格式可参照国家税务局《关于按规定报批土地使用税减免税问题的通知》国税地字[1989]第 132 号规定的格式)，并附受灾企业、单位的受灾情况和生产经营情况的详细说明材料。

国家税务总局

一九九五年六月六日

国家税务总局
关于中国国际展览中心减免城镇土地使用税的批复

国税函发[2004]499号

北京市地方税务局：

你局《关于对中国国际展览中心减免城镇土地使用税的请示》(京地税地[2004]63号)收悉。经研究，现批复如下：

鉴于该公司因受北京地区“非典”期间疫情影响，所有展览会全部停办，给企业的经营造成了相当大的困难。根据《中华人民共和国城镇土地使用税暂行条例》第七条和国家税务总局《关于适当下放城镇土地使用税减免税审批权限的通知》(国税发[1992]53号)的文件规定，同意免征中国国际展览中心集团公司2003年5月至8月的城镇土地使用税294 996.67元。

国家税务总局

二〇〇四年四月十三日

财政部　国家税务总局关于
调整城镇土地使用税有关减免税政策的通知

财税字[2004]180号

各省、自治区、直辖市、计划单列市财政厅(局)、地方税务局，新疆生产建设兵团财务局：

为了规范税收政策，进一步加强城镇土地使用税的征收管理，经研究决定，对《国家税务局关于印发(关于土地使用税若干具体问题的补充规定)的通知》(国税地字[1989]第140号)的部分内容作适当修改。即：取消《关于土地使用税若干具体问题的补充规定》中第九条“企业关闭、撤销后，其占地未作他用的，经各省、自治区、直辖市税务局批准，可暂免征收土地使用税”的规定。

本通知自2004年7月1日起执行。

财政部　国家税务总局

二〇〇四年十月二十五日

国家税务总局关于填海整治土地免征城镇土地使用税问题的批复

国税函发[2005]968号

青岛市地方税务局：

你局《关于填海土地免征城镇土地使用税问题的请示》(青地税发[2005]135号)收悉。经研究，现批复如下：

按照《中华人民共和国城镇土地使用税暂行条例》第六条的规定，享受免缴土地使用税5～10年的填海整治的土地，是指纳税人经有关部门批准后自行填海整治的土地，不包括纳税人通过出让、转让、划拨等方式取得的已填海整治的土地。

国家税务总局

二〇〇五年十月十四日

财政部　国家税务总局关于集体土地城镇土地使用税有关政策的通知

财税字[2006]56号

各省、自治区、直辖市、计划单列市财政厅(局)、地方税务局，新疆生产建设兵团财务局：

根据当前集体土地使用中出现的新情况、新问题，经研究，现将集体土地城镇土地使用税有关政策通知如下：

在城镇土地使用税征税范围内实际使用应税集体所有建设用地、但未办理土地使用权流转手续的，由实际使用集体土地的单位和个人按规定缴纳城镇土地使用税。

本通知自2006年5月1日起执行，此前凡与本通知不一致的政策规定一律以本通知为准。

财政部　国家税务总局

二〇〇六年四月十三日

财政部　国家税务总局关于房产税、城镇土地使用税有关政策的通知

财税字[2006]186号

各省、自治区、直辖市、计划单列市财政厅(局)、地方税务局，新疆生产建设

设兵团财务局：

一、关于居民住宅区内业主共有的经营性房产缴纳房产税问题

对居民住宅区内业主共有的经营性房产，由实际经营（包括自营和出租）的代管人或使用人缴纳房产税。其中自营的，依照房产原值减除10%～30%后的余值计征，没有房产原值或不能将业主共有房产与其他房产的原值准确划分开的，由房产所在地地方税务机关参照同类房产核定房产原值；出租的，依照租金收入计征。

二、关于有偿取得土地使用权城镇土地使用税纳税义务发生时间的问题

以出让或转让方式有偿取得土地使用权的，应由受让方从合同约定交付土地时间的次月起缴纳城镇土地使用税；合同未约定交付土地时间的，由受让方从合同签订的次月起缴纳城镇土地使用税。

国家税务总局《关于房产税、城镇土地使用税有关政策规定的通知》（国税发[2003]89号）第二条第四款中有关房地产开发企业城镇土地使用税纳税义务发生时间的规定同时废止。

三、关于经营采摘、观光农业的单位和个人征免城镇土地使用税问题

在城镇土地使用税征收范围内经营采摘、观光农业的单位和个人，其直接用于采摘、观光的种植、养殖、饲养的土地，根据《中华人民共和国城镇土地使用税暂行条例》第六条中"直接用于农、林、牧、渔业的生产用地"的规定，免征城镇土地使用税。

四、关于林场中度假村等休闲娱乐场所征免城镇土地使用税问题

在城镇土地使用税征收范围内，利用林场土地兴建度假村等休闲娱乐场所的，其经营、办公和生活用地，应按规定征收城镇土地使用税。

五、本通知自2007年1月1日起执行。

财政部　国家税务总局

二〇〇六年十二月二十五日

国家税务总局关于外商投资企业和外国企业征收城镇土地使用税问题的批复

国税函发[2007]596号

厦门市地方税务局：

你局《关于对外资企业开征土地使用税设立过渡期的请示》（厦地税发[2007]50号）收悉。经研究，批复如下：

《国务院关于修改〈中华人民共和国城镇土地使用税暂行条例〉的决

定》,将外商投资企业和外国企业纳入城镇土地使用税的征收范围,是国家加强土地管理的重要举措,有利于发挥税收的经济杠杆作用,引导各类企业合理、节约利用土地,保护土地资源,公平税收负担。各地对各类企业包括外商投资企业和外国企业,都应严格依照国务院决定和修改后的《中华人民共和国城镇土地使用税暂行条例》的有关规定征收城镇土地使用税。

国家税务总局

二〇〇七年六月一日

附录E　中华人民共和国土地增值税暂行条例及实施细则

中华人民共和国土地增值税暂行条例

（国务院令[1993]第138号）

第一条　为了规范土地、房地产市场交易秩序，合理调节土地增值收益，维护国家权益，制定本条例。

第二条　转让国有土地使用权、地上的建筑物及其附着物（以下简称转让房地产）并取得收入的单位和个人，为土地增值税的纳税义务人（以下简称纳税人），应当依照本条例缴纳土地增值税。

第三条　土地增值税按照纳税人转让房地产所取得的增值额和本条例第七条规定的税率计算征收。

第四条　纳税人转让房地产所取得的收入减除本条例第六条规定扣除项目金额后的余额，为增值额。

第五条　纳税人转让房地产所取得的收入，包括货币收入、实物收入和其他收入。

第六条　计算增值额的扣除项目：

（一）取得土地使用权所支付的金额；

（二）开发土地的成本、费用；

（三）新建房及配套设施的成本、费用，或者旧房及建筑物的评估价格；

（四）与转让房地产有关的税金；

（五）财政部规定的其他扣除项目。

第七条　土地增值税实行四级超率累进税率：

增值额未超过扣除项目金额50%的部分，税率为30%。

增值额超过扣除项目金额50%、未超过扣除项目金额100%的部分，税率为40%。

增值额超过扣除项目金额100%、未超过扣除项目金额200%的部分，税率为50%。

增值额超过扣除项目金额200%的部分，税率为60%。

第八条　有下列情形之一的，免征土地增值税：

（一）纳税人建造普通标准住宅出售，增值额未超过扣除项目金额

20%的；

（二）因国家建设需要依法征用、收回的房地产。

第九条 纳税人有下列情形之一的，按照房地产评估价格计算征收：

（一）隐瞒、虚报房地产成交价格的；

（二）提供扣除项目金额不实的；

（三）转让房地产的成交价格低于房地产评估价格，又无正当理由的。

第十条 纳税人应当自转让房地产合同签订之日起7日内向房地产所在地主管税务机关办理纳税申报，并在税务机关核定的期限内缴纳土地增值税。

第十一条 土地增值税由税务机关征收。土地管理部门、房产管理部门应当向税务机关提供有关资料，并协助税务机关依法征收土地增值税。

第十二条 纳税人未按照本条例缴纳土地增值税的，土地管理部门、房产管理部门不得办理有关的权属变更手续。

第十三条 土地增值税的征收管理，依据《中华人民共和国税收征收管理法》及本条例有关规定执行。

第十四条 本条例由财政部负责解释，实施细则由财政部制定。

第十五条 本条例自1994年1月1日起施行。各地区的土地增值费征收办法，与本条例相抵触的，同时停止执行。

国务院

一九九三年十二月十三日

中华人民共和国土地增值税暂行条例实施细则

财法字[1995]6号

第一条 根据《中华人民共和国土地增值税暂行条例》（以下简称条例）第十四条规定，制定本细则。

第二条 条例第二条所称的转让国有土地使用权、地上的建筑物及其附着物并取得收入，是指以出售或者其他方式有偿转让房地产的行为。不包括以继承、赠与方式无偿转让房地产的行为。

第三条 条例第二条所称的国有土地，是指按国家法律规定属于国家所有的土地。

第四条 条例第二条所称的地上的建筑物，是指建于土地上的一切建筑物，包括地上地下的各种附属设施。

条例第二条所称的附着物，是指附着于土地上的不能移动，一经移动即遭损坏的物品。

第五条　条例第二条所称的收入，包括转让房地产的全部价款及有关的经济收益。

第六条　条例第二条所称的单位，是指各类企业单位、事业单位、国家机关和社会团体及其他组织。

条例第二条所称个人，包括个体经营者。

第七条　条例第六条所列的计算增值额的扣除项目，具体为：

（一）取得土地使用权所支付的金额，是指纳税人为取得土地使用权所支付的地价款和按国家统一规定交纳的有关费用。

（二）开发土地和新建房及配套设施（以下简称房地产开发）的成本，是指纳税人房地产开发项目实际发生的成本（以下简称房地产开发成本），包括土地征用及拆迁补偿费、前期工程费、建筑安装工程费、基础设施费、公共配套设施费、开发间接费用。

土地征用及拆迁补偿费，包括土地征用费、耕地占用税、劳动力安置费及有关地上、地下附着物拆迁补偿的净支出、安置动迁用房支出等。

前期工程费，包括规划、设计、项目可行性研究和水文、地质、勘察、测绘、“三通一平”等支出。

建筑安装工程费，是指以出包方式支付给承包单位的建筑安装工程费，以自营方式发生的建筑安装工程费。

基础设施费，包括开发小区内道路、供水、供电、供气、排污、排洪、通信、照明、环卫、绿化等工程发生的支出。

公共配套设施费，包括不能有偿转让的开发小区内公共配套设施发生的支出。

开发间接费用，是指直接组织、管理开发项目发生的费用，包括工资、职工福利费、折旧费、修理费、办公费、水电费、劳动保护费、周转房摊销等。

（三）开发土地和新建房及配套设施的费用（以下简称房地产开发费用），是指与房地产开发项目有关的销售费用、管理费用、财务费用。

财务费用中的利息支出，凡能够按转让房地产项目计算分摊并提供金融机构证明的，允许据实扣除，但最高不能超过按商业银行同类同期贷款利率计算的金额。其他房地产开发费用，按本条第（一）、（二）项规定计算的金额之和的5％以内计算扣除。

凡不能按转让房地产项目计算分摊利息支出或不能提供金融机构证

明的，房地产开发费用按本条（一）、（二）项规定计算的金额之和的10%以内计算扣除。

上述计算扣除的具体比例，由各省、自治区、直辖市人民政府规定。

（四）旧房及建筑物的评估价格，是指在转让已使用的房屋及建筑物时，由政府批准设立的房地产评估机构评定的重置成本价乘以成新度折扣率后的价格。评估价格须经当地税务机关确认。

（五）与转让房地产有关的税金，是指在转让房地产时缴纳的营业税、城市维护建设税、印花税。因转让房地产交纳的教育费附加，也可视同税金予以扣除。

（六）根据条例第六条（五）项规定，对从事房地产开发的纳税人可按本条第（一）、（二）项规定计算的金额之和，加计20%的扣除。

第八条　土地增值税以纳税人房地产成本核算的最基本的核算项目或核算对象为单位计算。

第九条　纳税人成片受让土地使用权后，分期分批开发、转让房地产的，其扣除项目金额的确定，可按转让土地使用权的面积占总面积的比例计算分摊，或按建筑面积计算分摊，也可按税务机关确认的其他方式计算分摊。

第十条　条例第七条所列四级超率累进税率，每级"增值额未超过扣除项目金额"的比例，均包括本比例数。

计算土地增值税税额，可按增值额乘以适用的税率减去扣除项目金额乘以速算扣除系数的简便方法计算，具体公式如下：

（一）增值额未超过扣除项目金额50%

土地增值税税额＝增值额×30%

（二）增值额超过扣除项目金额50%，未超过100%的

土地增值税税额＝增值额×40%－扣除项目金额×5%

（三）增值额超过扣除项目金额100%，未超过200%的

土地增值税税额＝增值额×50%－扣除项目金额×15%

（四）增值额超过扣除项目金额200%

土地增值税税额＝增值额×60%－扣除项目金额×35%

公式中的5%、15%、35%为速算扣除系数。

第十一条　条例第八条第（一）项所称的普通标准住宅，是指按所在地一般民用住宅标准建造的居住用住宅。高级公寓、别墅、度假村等不属于普通标准住宅。普通标准住宅与其他住宅的具体划分界限由各省、自治区、直辖市人民政府规定。

纳税人建造普通标准住宅出售，增值额未超过本细则第七条第(一)、(二)、(三)、(五)、(六)项扣除项目金额之和20%的，免征土地增值税；增值额超过扣除项目金额之和20%的，应就其全部增值额按规定计税。

条例第八条第(二)项所称的因国家建设需要依法征用、收回的房地产，是指因城市实施规划、国家建设的需要而被政府批准征用的房产或收回的土地使用权。

因城市实施规划、国家建设的需要而搬迁，由纳税人自行转让原房地产的，比照本规定免征土地增值税。

符合上述免税规定的单位和个人，须向房地产所在地税务机关提出免税申请，经税务机关审核后，免予征收土地增值税。

第十二条 个人因工作调动或改善居住条件而转让原自用住房，经向税务机关申报核准，凡居住满5年或5年以上的，免予征收土地增值税；居住满3年未满5年的，减半征收土地增值税。居住未满3年的，按规定计征土地增值税。

第十三条 条例第九条所称的房地产评估价格，是指由政府批准设立的房地产评估机构根据相同地段、同类房地产进行综合评定的价格。评估价格须经当地税务机关确认。

第十四条 条例第九条第(一)项所称的隐瞒、虚报房地产成交价格，是指纳税人不报或有意低报转让土地使用权、地上建筑物及其附着物价款的行为。

条例第九条第(二)项所称的提供扣除项目金额不实的，是指纳税人在纳税申报时不据实提供扣除项目金额的行为。

条例第九条第(三)项所称的转让房地产的成交价格低于房地产评估价格，又无正当理由，是指纳税人申报的转让房地产的实际成交价低于房地产评估机构评定的交易价，纳税人又不能提供凭据或无正当理由的行为。

隐瞒、虚报房地产成交价格，应由评估机构参照同类房地产的市场交易价格进行评估。税务机关根据评估价格确定转让房地产的收入。

提供扣除项目金额不实的，应由评估机构按照房屋重置成本价乘以成新度折扣率计算的房屋成本价和取得土地使用权时的基准地价进行评估。税务机关根据评估价格确定扣除项目金额。

转让房地产的成交价格低于房地产评估价格，又无正当理由的，由税务机关参照房地产评估价格确定转让房地产的收入。

第十五条 根据条例第十条的规定，纳税人应按照下列程序办理纳税手续：

（一）纳税人应在转让房地产合同签订后的7日内，到房地产所在地主管税务机关办理纳税申报，并向税务机关提交房屋及建筑物产权、土地使用权证书，土地转让、房产买卖合同，房地产评估报告及其他与转让房地产有关的资料。

纳税人因经常发生房地产转让而难以在每次转让后申报的，经税务机关审核同意后，可以定期进行纳税申报，具体期限由税务机关根据情况确定。

（二）纳税人按照税务机关核定的税额及规定的期限缴纳土地增值税。

第十六条 纳税人在项目全部竣工结算前转让房地产取得的收入，由于涉及成本确定或其他原因，而无法据以计算土地增值税的，可以预征土地增值税，待该项目全部竣工、办理结算后再进行清算，多退少补。具体办法由各省、自治区、直辖市地方税务局根据当地情况制定。

第十七条 条例第十条所称的房地产所在地，是指房地产的座落地。纳税人转让房地产座落在两个或两个以上地区的，应按房地产所在地分别申报纳税。

第十八条 条例第十一条所称的土地管理部门、房产管理部门应当向税务机关提供有关资料，是指向房地产所在地主管税务机关提供有关房屋及建筑物产权、土地使用权、土地出让金数额、土地基准地价、房地产市场交易价格及权属变更等方面的资料。

第十九条 纳税人未按规定提供房屋及建筑物产权、土地使用权证书，土地转让、房产买卖合同，房地产评估报告及其他与转让房地产有关资料的，按照《中华人民共和国税收征收管理法》（以下简称《征管法》）第三十九条的规定进行处理。

纳税人不如实申报房地产交易额及规定扣除项目金额造成少缴或未缴税款的，按照《征管法》第四十条的规定进行处理。

第二十条 土地增值税以人民币为计算单位。转让房地产所取得的收入为外国货币的，以取得收入当天或当月1日国家公布的市场汇价折合成人民币，据以计算应纳土地增值税税额。

第二十一条 条例第十五条所称的各地区的土地增值费征收办法是指与本条例规定的计征对象相同的土地增值费、土地收益金等征收办法。

第二十二条　本细则由财政部解释,或者由国家税务总局解释。

第二十三条　本细则自发布之日起施行。

第二十四条　1994 年 1 月 1 日至本细则发布之日期间的土地增值税参照本细则的规定计算征收。

财政部

一九九五年一月二十七日

附录F 土地增值税的部门规章

国家税务总局 国家土地管理局
关于土地增值税若干征管问题的通知

国税发[1996]4号

为了完善土地增值税的征收管理工作，防止国家税收流失，加强税务部门与土地管理部门的工作配合，现根据《中华人民共和国土地增值税暂行条例》(以下简称《条例》)及《中华人民共和国土地增值税暂行条例实施细则》(以下简称《细则》)和《中华人民共和国土地管理法》、《中华人民共和国城市房地产管理法》、《中华人民共和国城镇国有土地使用权出让和转让暂行条例》等规定，特对土地增值税征管中的有关问题通知如下：

一、土地增值税是国家为了规范土地、房产市场交易秩序，合理调节土地增值收益，维护国家权益而开征的税种。各地税务主管部门应根据国家法规和本通知的规定，结合当地实际情况建立一整套土地增值税的征收管理制度。各级土地管理部门要予以积极支持和配合，根据征收土地增值税的需要，完善相应的土地评估和地价管理制度，协助当地税务主管部门做好土地增值税的征收管理工作。

二、各级土地管理部门要根据国家土地管理局的统一部署，尽快完成城镇地籍调查，土地登记和基准地价评估等初始地籍工作，同时做好土地使用权的变更登记、地价评估和管理等日常工作，为税务部门征收土地增值税提供所需土地使用权的权属以及土地出让、转让交易的时间、土地出让金数额及土地使用权转让价格等征税资料。

对于已经完成城镇基准地价评估工作的地区，土地管理部门要根据社会经济发展的状况，定期更新基准地价成果，使之能够及时反映地产市场水平，满足土地增值税的征收管理需要；少数未完成城镇基准地价评估的地区，土地管理部门可采取现有宗地评估方法直接评估，以满足征收土地增值税的需要。

三、各级税务部门和土地管理部门要共同做好土地使用权的产权管理与土地增值税征管的衔接工作。

凡是转让国有土地使用权、地上建筑物及其附属物(以下简称房地产)的纳税人，在向土地管理部门申请办理土地变更登记，提交土地估价报告，申报交易成交价的同时，应根据土地增值税的有关规定，在规定的期限内到主管税务机关办理土地增值税的纳税申报手续。土地管理部门在对纳税人转让行为的合法性、估价报告及申报交易价格进行确认后，应及时通知税务部门。纳税人的纳税申报经主管税务机关审核后，应按照规定的期限缴纳土地增值税。对于已经完税的，由主管税务机关发给完税证明；对于免税的，由主管税务机关发给免税证明。

土地管理部门凭税务部门出具的土地增值税完税（或免税）证明，办理土地使用权的权属变更登记，更换《国有土地使用证》。凡未取得主管税务部门发放的完税（或免税）证明的，土地管理机关不予办理土地使用权的登记及过户手续，也不发放《国有土地使用证》。

四、按照土地评估价格计税的纳税人，可委托经省级以上土地管理部门授予评估资格的土地评估机构进行有关的评估。各土地评估机构必须严格按照条例和细则中规定的方法进行应纳税土地的价格评估。其评估结果应按税务部门的要求及时告房地产所在地税务机关，作为确认计税依据的参考。房地产所在地税务机关应根据条例和细则的有关规定，对应纳税土地的评估结果进行严格审核及确认，对不符合实际情况的评估结果不予采用，并将此评估结果抄送土地管理部门备案。

对于房地产所在地税务机关要求从事应纳税土地价格评估的评估机构提供与应税土地评估有关的评估资料的，土地评估机构应无偿提供，不得以任何借口予以拒绝。各级税务部门对于土地管理部门提供的土地登记和基准地价等资料应严格保密，不得转让或公开引用。

土地价格评估机构在执业过程中必须严守职业道德，按照国家有关的法律、法规的规定，坚持独立、客观、公平、公正、公开的原则，对评估结果的真实性、合法性负法律责任。各级税务机关应当会同土地管理部门定期对土地评估机构所承担的土地增值税评估业务进行指导、监督和检查。

对土地评估机构不向税务机关提供与应纳税土地有关的真实土地评估资料，或有意提供虚假评估结果，造成纳税人不缴或少缴土地增值税的，一经发现要取消其应纳税土地的评估资格，对由于上述行为造成国家税收严重流失的，还要提请司法机关追究其应承担的经济责任和有关当事人的刑事责任。

五、各级税务部门和土地管理部门要积极配合、密切协作，加强土地增值税的各项征收管理工作，规范房地产市场交易行为。土地管理部门要深入持久地进行土地隐形市场的清理工作，对于非法进入市场的集体土地使用权和划拨国有土地使用权，应按照有关法律规定进行处理；对于土地增值税开征之后出现的将房地产转让归避成租赁等逃避土地增值税行为的，各地土地管理部门应当协助税务部门审核、把关，税务主管部门也应按照《中华人民共和国税收征收管理法》等规定严格予以查处。

以上通知，望各地迅速遵照执行。

国家税务总局　国家土地管理局

一九九六年一月九日

国家税务总局　建设部
关于土地增值税征收管理有关问题的通知

国税发[1996]48号

各省、自治区、直辖市和计划单列市国家税务局，地方税务局，各省、自治区建委（建设厅），各直辖市、计划单列市房地产管理局：

为了加强税务部门与建设行政主管部门、房地产管理部门的工作配合，搞好土地增值税的征收管理工作，根据《中华人民共和国土地增值税暂行条例》（以下简称《条例》）及《中华人民共和国土地增值税暂行条例实施细则》（以下简称《细则》）和《中华人民共和国城市房地产管理法》、建设部45号令《城市房地产转让管理规定》等法律、法规规定，现对土地增值税征管的有关问题通知如下：

一、土地增值税是国家为了规范土地、房地产市场交易秩序，合理调节土地增值收益，维护国家权益而开征的税种。各地税务主管部门应当在当地建设、房地产管理等有关部门的支持和配合下，根据当地实际情况，建立起一套完善的土地增值税的征收管理制度。

二、各级房地产管理部门要根据建设部的统一部署，依照《中华人民共和国城市房地产管理法》的规定，做好房地产交易管理和权属登记工作，根据需要向税务部门提供全面准确的房地产权属及转让时间、价格等征税资料，并按照有关规定严格核算房地产的开发成本和费用，配合税务部门做好土地增值税扣除项目金额的审查工作，防止由于成本费用不实等原因造成土地增值税的流失。

三、凡是转让房地产的纳税人，应当根据土地增值税的有关规定，在规定的期限内到主管税务机关办理土地增值税的纳税登记和申报手续，经主管税务机关审核后，按照规定的期限缴纳土地增值税。对于已经完税的纳税人，由主管税务机关发给完税证明；对于不属于征税范围或应予免税的，由主管税务机关发给免税证明。凡没有取得主管税务部门发放的完税（或免税）证明的，房地产管理机关不予办理有关的权属变更手续，不予发放房地产权属证书。

四、各省、自治区、直辖市、计划单列市地方税务部门可根据本地实际情况，对房地产市场管理机构比较健全，且各项管理制度比较完善、具备土地增值税代征能力的地区，从有利于税收征管、减少税款流失出发，按照税务机关征收为主的原则，把一些不易于税务机关直接征收、且应纳税款较易计算的纳税事项，委托房地产管理部门进行代征。具体办法由各省、自治区、直辖市、计划单列市地方税务局制定，报省、自治区、直辖市、计划单列市人民政府批准后执行，并报国家税务总局备案。

五、凡转让房地产的纳税人，按照土地增值税的有关规定，需要根据房地产评估价格计税的，可委托经省以上房地产管理部门确认评估资格并报税务部门备案的房地产评估机构受理有关转让房地产的评估业务。

有条件的地方，应当将涉及土地增值税的房地产评估与现有房地产转让管理过程中的价格申报及其价格评估结合起来，以防止因重复评估而加大成本，增加纳税人负担的情况。

接受委托的各房地产评估机构，在按税务部门要求按期将评估结果报送房地产所在地税务机关，作为确认计税依据参考的同时，应将评估结果报当地政府设立的事业性房地产估价管理机构审核。

对于房地产所在地税务机关要求受委托的房地产评估机构提供与房地产评估有关的资料的，评估机构应当无偿提供，不得以任何借口予以拒绝。

凡涉及征收土地增值税的房地产评估报告，由取得建设部、人事部共同认定并经注册登记的"房地产估价师"签署；或者由三名以上（含三名）取得各省、自治区建委（建设厅）、直辖市房地产管理局统一颁发的《房地产估价人员岗位合格证书》的房地产估价员联合签署。

接受委托的房地产评估机构，必须严格按照《条例》和《细则》中规定的方法进行应纳税房地产的价格评估。房地产所在地税务机关应当根据《条例》和《细则》的有关规定，对应纳税房地产的评估结果进行严格审核及确认，对不符合实际情况的评估结果不予采用。

六、房地产评估机构在执业过程中必须严守职业道德，按照国家有关的法律、法规的规定，坚持独立、客观、公平、公正、公开的原则，对评估结果的真实性、合理性负法律责任。对房地产评估机构因不向税务机关提供真实的房地产评估资料，或有意提供虚假评估结果，造成纳税人不缴或少缴土地增值税的，房地产评估机构应当承担相应的法律和经济责任。对由于上述行为造成国家税收严重流失的，提请司法机关追究有关当事人的刑事责任。

七、各级税务部门和房地产管理部门要密切配合、相互协作，加强土地增值税的各项征收管理工作，规范房地产交易行为。对于土地增值税开征之后出现的将房地产转让归避成房屋租赁或其他交易方式等逃避土地增值税的行为，各地房地产市场管理部门在办理房地产交易手续时，应当认真执行建设部 42 号令《城市房屋租赁管理办法》和 45 号令《城市房地产转让管理规定》，严格把关，主管税务部门也应当按照《中华人民共和国税收征收管理法》等规定予以严肃查处。

以上通知，望各地迅速贯彻落实，并遵照执行。

国家税务总局　建设部

一九九六年四月五日

国家税务总局关于认真做好土地增值税征收管理工作的通知

国税函发[2002]615 号

各省、自治区、直辖市和计划单列市地方税务局：

土地增值税自开征以来，经各级地方税务局共同努力，在加强征收管理和组织收入方面做了大量的工作，并且取得了一定成效。但由于房地产开发与转让周期较长，造成土地增值税征管难度大，一些地区对土地增值税征收管理产生畏难情绪，还有一些地区误信土地增值税要停征，而放松了征管工作，造成应收税款的流失。为保证税收任务的完成，认真做好土地增值税的征收管理工作，现通知如下：

一、要进一步完善土地增值税的征收管理制度和操作规程，建立健全土地增值税的纳税申报制度、房地产评估规程、委托代征办法等。

二、对在 1994 年 1 月 1 日以前已签订房地产开发合同或立项并已按规定投入资金进行开发，其首次转让房地产的，免征土地增值税的税收优惠政策已到期，应按规定恢复征税。

三、针对当前房地产市场逐步规范，房地产投资商的投资回报趋于正常情况，各地要进一步完善土地增值税的预征办法，预征率的确定要科学、合理。对已经实行预征办法的地区，可根据实际情况，适当调减预征率。

四、要继续加强与房地产有关部门的配合。要严格按照财政部、国家税务总局、国家国有资产管理局《关于转让国有房地产征收土地增值税中有关房地产价格评估问题的通知》（财税字[1995]61 号）、国家税务总局和国家土地管理局《关于土地增值税若干征管问题的通知》（国税发[1996]4 号）、国家税务总局、建设部《关于土地增值税征收管理有关问题的通知》(国税发[1996]48 号)等联合发文的要求,加强部门之间的配合和协作,共同搞好土地增值税的征收管理。

国家税务总局

二〇〇二年七月十日

国家税务总局关于加强土地增值税管理工作的通知

国税函发[2004]938 号

各省、自治区、直辖市和计划单列市地方税务局:

为了简化行政审批手续,进一步方便纳税人和加强税收管理,经研究,现对土地增值税纳税人定期进行纳税申报的问题做如下解释和规定:

一、取消《中华人民共和国土地增值税暂行条例实施细则》第十五条第一款对土地增值税纳税人因经常发生房地产转让而难以在每次转让后申报的,定期进行纳税申报须经税务机关审核同意的规定。

二、纳税人因经常发生房地产转让而难以在每次转让后申报,是指房地产开发企业开发建造的房地产、因分次转让而频繁发生纳税义务、难以在每次转让后申报纳税的情况,土地增值税可按月或按各省、自治区、直辖市和计划单列市地方税务局规定的期限申报缴纳。

三、纳税人选择定期申报方式的,应向纳税所在地的地方税务机关备案。定期申报方式确定后,一年之内不得变更。

四、各省、自治区、直辖市和计划单列市地方税务局应根据本通知精神,结合本地的实际情况,制定具体的操作办法,并告知土地增值税纳税人。

五、各地地方税务机关要加强土地增值税的宣传解释、纳税辅导及纳税检查等工作。采取有效措施,做好土地增值税按次或定期申报纳税、预征和税款结算等征收管理工作。

六、本通知自 2004 年 7 月 1 日起执行。

国家税务总局

二〇〇四年八月二日

国家税务总局
关于未办理土地使用权证转让土地有关税收问题的批复

国税函发[2007]645 号

四川省地方税务局:

你局《关于未办理土地使用权证而转让土地有关税收问题的请示》(川地税发[2007]7 号)收悉,批复如下:

土地使用者转让、抵押或置换土地，无论其是否取得了该土地的使用权属证书，无论其在转让、抵押或置换土地过程中是否与对方当事人办理了土地使用权属证书变更登记手续，只要土地使用者享有占有、使用、收益或处分该土地的权利，且有合同等证据表明其实质转让、抵押或置换了土地并取得了相应的经济利益，土地使用者及其对方当事人应当依照税法规定缴纳营业税、土地增值税和契税等相关税收。

国家税务总局

二〇〇七年六月十四日

国家税务总局　财政部　国土资源部
关于进一步加强土地税收管理工作的通知

国税发[2008]14号

各省、自治区、直辖市和计划单列市地方税务局、财政厅(局)、国土资源厅(局)，新疆生产建设兵团财务局、国土管理局：

《国家税务总局 财政部 国土资源部关于加强土地税收管理的通知》(国税发[2005]111号)下发以后，各级地税、财政和国土资源管理部门通过开展多种形式的信息共享和配合，提高了土地管理和土地税收征管工作的水平。为了进一步发挥部门协作与齐抓共管的优势，更好地贯彻落实《中华人民共和国城镇土地使用税暂行条例》、《中华人民共和国耕地占用税暂行条例》、《中华人民共和国契税暂行条例》和《中华人民共和国土地增值税暂行条例》等税收法规，强化土地税收的征管力度，促进土地集约节约利用，现就有关问题通知如下：

一、开展土地占用情况和土地税收缴纳情况的清查工作

为了堵塞税收征管漏洞，防止税款流失，各级地税部门、负责征收契税等的财政部门(以下称财税部门)和国土资源部门要密切合作，共同组织开展对纳税人土地占用情况及土地税收缴纳情况的清查工作。

(一) 各级财税部门要主动联系国土资源部门共同研究制订清查工作的组织和实施方案。各级国土资源部门要加快土地登记进度，扩大登记覆盖面，推进城镇地籍调查和变更登记工作。各级财税部门要根据当地实际情况，合理确定清查范围，将城乡结合部、占地面积大和用地情况不清楚的单位列为重点；对新纳入城镇土地使用税征税范围的外商投资企业和外国企业的占地情况要进行全面清查。财税部门要定期与国土资源部门联系并建立定期沟通的工作制度，对于已开展城镇地籍调查和变更登记且资料完整的地区，各级国土资源部门要及时将相关资料提供给

同级财税部门，财税部门要充分利用这些资料，进行数据比对，确定纳税人申报纳税的土地面积与土地登记资料记载面积及实际占用的土地面积是否一致，以进一步核实税源。对于调查和登记资料不完整的地区，国土资源部门要组织开展地籍调查和变更登记工作。

各级国土资源部门要积极配合财税部门做好土地清查的技术、数据、资料等支持工作。各地要因地制宜选择清查方法，组织有资质的单位开展土地清查和地籍调查工作，并根据本地条件充分利用各种有效的科技手段。清查结果验收合格后，要及时应用到土地登记和城镇土地使用税的征管工作中。对清查中发现的纳税人实际占用土地面积与土地使用证登记面积或批准面积不一致的，财税部门按照实际占用面积征收城镇土地使用税和耕地占用税。

（二）各级财税部门要以贯彻国务院修订颁布的《中华人民共和国耕地占用税暂行条例》为契机，与各级国土资源部门联合对在籍建设用地耕地占用税缴纳情况进行一次摸底和清查。国土资源部门应根据财税部门的要求，提供在籍建设用地的档案及农用地转用审批文件。

二、继续加强部门间的信息交换与共享

各级财税和国土资源部门要在贯彻落实国税发[2005]111号文件的基础之上，细化信息交换的内容、切实做好信息交换工作。

（一）各级财税和国土资源部门在开发税收征管和地籍管理系统工作中，要充分考虑信息共享工作的需要，按照国家统一的数据标准尽可能统一数据项目和数据口径，确保数据共享工作在信息化的基础上有效实施。在采集有关数据指标时，要尽可能根据双方的工作需要，一并采集相关内容。要因地制宜地通过各种形式开展信息交换和共享工作，真正实现准确及时的信息共享。

（二）各级国土资源部门应配合财税部门，根据土地税收征管的具体需求，将每宗土地的权利人名称、土地权属状况等土地登记信息提供给同级财税部门。国土资源部门提供的土地登记资料仅用于征税之目的，各级财税部门要按照有关规定予以保密。

国土资源部门应将建设用地批准文件（涉密的除外）及时抄送征收耕地占用税和城镇土地使用税的同级财税部门；在通知单位或个人办理供地手续时，应同时通知征收耕地占用税和城镇土地使用税的同级财税部门。

市、县国土资源部门要及时更新基准地价，保证当地基准地价的现势性，并定期将更新的基准地价等地价信息提供给财税部门，以满足土地税收征管的需要。各级财税部门要将国土资源部门提供的基准地价等地价信息数据充分应用到土地税收的征管工作中。

各省(区、市)国土资源部门和财税部门要密切配合,加强对评估中介机构及其评估人员涉税土地评估的管理。

(三)各级财税部门在日常的征收管理和税务稽查工作中,发现纳税人存在未办理用地手续或未办理土地登记手续、擅自改变土地用途等各项违法用地行为,应当及时将有关信息,包括用地单位名称、联系方式、具体用地情况等信息提供给相关的国土资源部门。

(四)对通过部门配合获取的信息资料,各地财税和国土资源部门要按照国税发[2005]111号文件的要求,认真做好比对利用等后续管理工作。财税部门要把信息交换、清查工作与日常征收管理工作有机结合起来,制定土地涉税信息资料综合管理办法,建立土地税源档案,将通过各种渠道取得的纳税人应税土地信息进行整合并开展比对分析,做好税源数据库的建设和动态维护工作。

三、认真开展协同控管工作

各级财税部门与国土资源部门要加强沟通、协调,按照国税发[2005]111号文件的要求,在日常管理工作中,共同做好源泉控管和税款征缴工作。

要继续严格执行"先税后证"的政策,没有财税部门发放的契税和土地增值税完税凭证或免税凭证,国土资源部门一律不得办理土地登记手续。为了方便纳税人,各级地方税务部门和国土资源部门要积极协商,创造条件,在土地登记、审批场所设立税收征收窗口,使纳税环节前移,从源头控制税源。

国土资源部门要严格按照《中华人民共和国耕地占用税暂行条例》的要求,在发放建设用地批准书之前,要求申请人提供耕地占用税完税或免税凭证,凡不能提供的,不予发放。在办理手续后,应将完税(或减免税)凭证的一联与有关资料一并归档备查。

国土资源部门在对用地情况进行检查和查处土地违法案件中,发现擅自转让(受让)土地使用权的,涉及未提供相关土地增值税和耕地占用税等完税凭证的,应将有关情况及时通知财税部门。

国土资源部门配合土地税收管理增加的支出,各地要按照国税发[2005]111号文件的有关精神予以落实。

各级财税部门和国土资源部门要按照党中央和国务院关于加强土地管理、切实保护耕地的要求,从大局出发,以高度的责任感和使命感,积极配合、主动协商，共同研究制定落实本通知各项要求的办法和工作措施，做好部门配合的组织和落实工作，并建立部门协作配合的长效机制。各省（区、市）财税部门和国土资源部门要及时取得联系，确定部门配合的具体负责单位和联系人，承担部门配合的落实工作；各地要在 2008 年 3 月 31 日前制定下发本地区贯彻落实本通知的具体办法，并报国家税务总局、财政部和国土资源部。

国家税务总局　财政部　国土资源部

二〇〇八年一月二十三日

财政部关于对 1994 年 1 月 1 日前签订开发及转让合同的房地产征免土地增值税的通知

财法字[1995]7 号

国务院各部委、各直属机构，各省、自治区、直辖市、计划单列市人民政府、财政厅（局）、国家税务局、地方税务局、财政监察专员办事处：

根据《中华人民共和国土地增值税暂行条例》第十五条的规定，土地增值税暂行条例自 1994 年 1 月 1 日起执行。现对 1994 年 1 月 1 日以前签订开发、转让合同的房地产征免土地增值税的问题，通知如下：

一、1994 年 1 月 1 日以前已签订的房地产转让合同，不论其房地产在何时转让，均免征土地增值税。

二、1994 年 1 月 1 日以前已签订房地产开发合同或已立项，并已按规定投入资金进行开发，其在 1994 年 1 月 1 日以后五年内首次转让房地产的，免征土地增值税。签订合同日期以有偿受让土地合同签订之日为准。

对于个别由政府审批同意进行成片开发、周期较长的房地产项目，其房地产在上述规定五年免税期以后首次转让的，经所在地财政、税务部门审核，并报财政部、国家税务总局核准，可以适当延长免税期限。

三、在上述免税期限内再次转让房地产以及不符合上述规定的房地产转让，如超出合同范围的房地产或变更合同的，均应按规定征收土地增值税。

财政部

一九九五年一月二十七日

财政部　国家税务总局
关于土地增值税一些具体问题规定的通知

财税字[1995]48号

各省、自治区、直辖市、计划单列市财政厅(局)、国家税务局、地方税务局、扬州培训中心、长春税务学院：

按照《中华人民共和国土地增值税暂行条例》(以下简称《条例》)和《中华人民共和国土地增值税暂行条例实施细则》(以下简称《细则》)的规定：现对土地增值税一些具体问题规定如下：

一、关于以房地产进行投资、联营的征免税问题

对于以房地产进行投资、联营的，投资、联营的一方以土地(房地产)作价入股进行投资或作为联营条件，将房地产转让到所投资、联营的企业中时，暂免征收土地增值税。对投资、联营企业将上述房地产再转让的，应征收土地增值税。

二、关于合作建房的征免税问题

对于一方出地，一方出资金，双方合作建房，建成后按比例分房自用的，暂免征收土地增值税；建成后转让的，应征收土地增值税。

三、关于企业兼并转让房地产的征免税问题

在企业兼并中，对被兼并企业将房地产转让到兼并企业中的，暂免征收土地增值税。

四、关于细则中“赠与”所包括的范围问题

细则所称的“赠与”是指如下情况：

(一) 房产所有人、土地使用权所有人将房屋产权、土地使用权赠与直系亲属或承担直接赡养义务人的。

(二) 房产所有人、土地使用权所有人通过中国境内非营利的社会团体、国家机关将房屋产权、土地使用权赠与教育、民政和其他社会福利、公益事业的。

上述社会团体是指中国青少年发展基金会、希望工程基金会、宋庆龄基金会、减灾委员会、中国红十字会、中国残疾人联合会、全国老年基金会、老区促进会以及经民政部门批准成立的其他非营利的公益性组织。

五、关于个人互换住房的征免税问题

对个人之间互换自有居住用房地产的，经当地税务机关核实，可以免征土地增值税。

六、关于地方政府要求房地产开发企业代收的费用如何计征土地增值税的问题

对于县级及县级以上人民政府要求房地产开发企业在售房时代收的各项费用,如果代收费用是计入房价中向购买方一并收取的,可作为转让房地产所取得的收入计税;如果代收费用未计入房价中,而是在房价之外单独收取的,可以不作为转让房地产的收入。

对于代收费用作为转让收入计税的,在计算扣除项目金额时,可予以扣除,但不允许作为加计20%扣除的基数;对于代收费用未作为转让房地产的收入计税的,在计算增值额时不允许扣除代收费用。

七、关于新建房与旧房的界定问题

新建房是指建成后未使用的房产。凡是已使用一定时间或达到一定磨损程度的房产均属旧房。使用时间和磨损程度标准可由各省、自治区、直辖市财政厅(局)和地方税务局具体规定。

八、关于扣除项目金额中的利息支出如何计算问题

(一)利息的上浮幅度按国家的有关规定执行,超过上浮幅度的部分不允许扣除;

(二)对于超过贷款期限的利息部分和加罚的利息不允许扣除。

九、关于计算增值额时扣除已缴纳印花税的问题

细则中规定允许扣除的印花税,是指在转让房地产时缴纳的印花税。房地产开发企业按照《施工、房地产开发企业财务制度》的有关规定,其缴纳的印花税列入管理费用,已相应予以扣除。其他的土地增值税纳税义务人在计算土地增值税时允许扣除在转让时缴纳的印花税。

十、关于转让旧房如何确定扣除项目金额的问题

转让旧房的,应按房屋及建筑物的评估价格、取得土地使用权所支付的地价款和按国家统一规定缴纳的有关费用以及在转让环节缴纳的税金作为扣除项目金额计征土地增值税。对取得土地使用权时未支付地价款或不能提供已支付的地价款凭据的,不允许扣除取得土地使用权所支付的金额。

十一、关于已缴纳的契税可否在计税时扣除的问题

对于个人购入房地产再转让的,其在购入时已缴纳的契税,在旧房及建筑物的评估价中已包括了此项因素,在计征土地增值税时,不另作为"与转让房地产有关的税金"予以扣除。

十二、关于评估费用可否在计算增值额时扣除的问题

纳税人转让旧房及建筑物时因计算纳税的需要而对房地产进行评

估，其支付的评估费用允许在计算增值额时予以扣除。对条例第九条规定的纳税人隐瞒、虚报房地产成交价格等情形而按房地产评估价格计算征收土地增值税所发生的评估费用，不允许在计算土地增值税时予以扣除。

十三、关于既建普通标准住宅又搞其他类型房地产开发的如何计税的问题

对纳税人既建普通标准住宅又搞其他房地产开发的，应分别核算增值额。不分别核算增值额或不能准确核算增值额的，其建造的普通标准住宅不能适用条例第八条第(一)项的免税规定。

十四、关于预售房地产所取得的收入是否申报纳税的问题

根据细则的规定，对纳税人在项目全部竣工结算前转让房地产取得的收入可以预征土地增值税。具体办法由各省、自治区、直辖市地方税务局根据当地情况制定。因此，对纳税人预售房地产所取得的收入，当地税务机关规定预征土地增值税的，纳税人应当到主管税务机关办理纳税申报，并按规定比例预交，待办理决算后，多退少补；当地税务机关规定不预征土地增值税的，也应在取得收入时先到税务机关登记或备案。

十五、关于分期收款的外币收入如何折合人民币的问题

对于取得的收入为外国货币的，依照细则规定，以取得收入当天或当月 1 日国家公布的市场汇价折合人民币，据以计算土地增值税税额。对于以分期收款形式取得的外币收入，也应按实际收款日或收款当月 1 日国家公布的市场汇价折合人民币。

十六、关于纳税期限的问题

根据条例第十、十二条和细则第十五条的规定，税务机关核定的纳税期限，应在纳税人签订房地产转让合同之后、办理房地产权属转让(即过户及登记)手续之前。

十七、关于财政部 国家税务总局《关于对 1994 年 1 月 1 日前签订开发及转让合同的房地产征免土地增值税的通知》(财法字[1995]7 号)适用范围的问题。

该通知规定的适用范围，限于房地产开发企业转让新建房地产的行为，非房地产开发企业或房地产开发企业转让存量房地产的，不适用此规定。

财政部　国家税务总局
一九九五年五月二十五日

财政部　国家税务总局　国家国有资产管理局关于转让国有房地产征收土地增值税中有关房地产价格评估问题的通知

财税字[1995]61号

各省、自治区、直辖市和计划单列市财政厅（局）、国家税务局、地方税务局、国有资产管理局：

为了加强土地增值税的征收管理，促进对国有房地产转让价格评估的管理，维护国有资产权益，现根据《中华人民共和国土地增值税暂行条例》（以下简称《条例》）及《中华人民共和国土地增值税暂行条例实施细则》（以下简称《细则》）和《国有资产评估管理办法》的有关规定，对国有房地产转让中有关价格评估等问题通知如下：

一、凡转让国有土地使用权、地上建筑物及其附属物（以下简称房地产）的纳税人，按照土地增值税的有关规定，需要根据房地产的评估价格计税的，可委托经政府批准设立，并按照《国有资产评估管理办法》规定的由省以上国有资产管理部门授予评估资格的资产评估事务所、会计师事务所等各类资产评估机构受理有关转让房地产的评估业务。

二、对于涉及土地增值税的国有房地产价格评估，各评估机构必须严格按照《条例》和《细则》中规定的方法进行应纳税房地产的价格评估。其评估结果经同级国有资产管理部门审核验证后作为房地产转让的底价，并按税务部门的要求按期报送房地产所在地主管税务机关，作为确认计税依据的参考。

房地产所在地主管税务机关要求从事房地产评估的资产评估机构提供与房地产评估有关的评估资料的，资产评估机构应无偿提供，不得以任何借口予以拒绝。

房地产所在地主管税务机关应根据《条例》和《细则》的有关规定，对应纳税房地产的评估结果进行严格审核及确认，对不符合实际情况的评估结果不予采用。

三、房地产评估机构在执业过程中必须遵守职业道德，坚持独立、客观、公正的原则，对评估结果的真实性、合理性负法律责任。任何房地产评估机构在房地产转让的评估过程中有隐瞒事实，提供虚假评估结果，或与有关当事人串通作弊等违法行为，一经发现坚决取消执业资格。

房地产评估机构因不向主管税务机关提供有关的、真实的房地产评估资料，或有意提供虚假评估结果，造成纳税人不缴或少缴土地增值税的，房地产评估机构应承担相应的法律和经济责任；对因上述行为而造成国家税收和国有资产严重流失的，要提请司法机关追究有关当事人的刑事责任。

四、各级财政、税务和国有资产管理部门要密切配合、相互协作，加强土地增值税的各项征收管理工作。为此，各有关部门应对各房地产评估机构进一步加强监督管理，使房地产评估为保证国家税收收入和维护国有资产权益发挥应有的作用。

财政部　国家税务总局　国家国有资产管理局

一九九五年六月二十三日

财政部　国家税务总局关于土地增值税若干问题的通知

财税字[2006]21 号

各省、自治区、直辖市、计划单列市财政厅(局)、地方税务局，新疆生产建设兵团财务局：

根据《中华人民共和国土地增值税暂行条例》(以下简称《条例》)及其实施细则和有关规定精神，现将土地增值税有关问题明确如下：

一、关于纳税人建造普通标准住宅出售和居民个人转让普通住宅的征免税问题

《条例》第八条中“普通标准住宅”和《财政部 国家税务总局关于调整房地产市场若干税收政策的通知》(财税字[1999]210 号)第三条中“普通住宅”的认定，一律按各省、自治区、直辖市人民政府根据《国务院办公厅转发建设部等部门关于做好稳定住房价格工作意见的通知》(国办发[2005]26 号)制定并对社会公布的“中小套型、中低价位普通住房”的标准执行。纳税人既建造普通住宅，又建造其他商品房的，应分别核算土地增值额。

在本文件发布之日前已向房地产所在地地方税务机关提出免税申请，并经税务机关按各省、自治区、直辖市人民政府原来确定的普通标准住宅的标准审核确定，免征土地增值税的普通标准住宅，不做追溯调整。

二、关于转让旧房准予扣除项目的计算问题

纳税人转让旧房及建筑物，凡不能取得评估价格，但能提供购房发票的，经当地税务部门确认，《条例》第六条第(一)、(三)项规定的扣除项目的金额，可按发票所载金额并从购买年度起至转让年度止每年加计 5%计算。对纳税人购房时缴纳的契税，凡能提供契税完税凭证的，准予作为“与转让房地产有关的税金”予以扣除，但不作为加计 5%的基数。

对于转让旧房及建筑物，既没有评估价格，又不能提供购房发票的，地方税务机关可以根据《中华人民共和国税收征收管理法》（以下简称《税收征管法》）第三十五条的规定，实行核定征收。

三、关于土地增值税的预征和清算问题

各地要进一步完善土地增值税预征办法，根据本地区房地产业增值水平和市场发展情况，区别普通住房、非普通住房和商用房等不同类型，科学合理地确定预征率，并适时调整。工程项目竣工结算后，应及时进行清算，多退少补。

对未按预征规定期限预缴税款的，应根据《税收征管法》及其实施细则的有关规定，从限定的缴纳税款期限届满的次日起，加收滞纳金。

对已竣工验收的房地产项目，凡转让的房地产的建筑面积占整个项目可售建筑面积的比例在85%以上的，税务机关可以要求纳税人按照转让房地产的收入与扣除项目金额配比的原则，对已转让的房地产进行土地增值税的清算。具体清算办法由各省、自治区、直辖市和计划单列市地方税务局规定。

四、关于因城市实施规划、国家建设需要而搬迁，纳税人自行转让房地产的征免税问题

《中华人民共和国土地增值税暂行条例实施细则》第十一条第四款所称：因“城市实施规划”而搬迁，是指因旧城改造或因企业污染、扰民（指产生过量废气、废水、废渣和噪音，使城市居民生活受到一定危害），而由政府或政府有关主管部门根据已审批通过的城市规划确定进行搬迁的情况；因“国家建设的需要”而搬迁，是指因实施国务院、省级人民政府、国务院有关部委批准的建设项目而进行搬迁的情况。

五、关于以房地产进行投资或联营的征免税问题

对于以土地（房地产）作价入股进行投资或联营的，凡所投资、联营的企业从事房地产开发的，或者房地产开发企业以其建造的商品房进行投资和联营的，均不适用《财政部 国家税务总局关于土地增值税一些具体问题规定的通知》（财税字[1995]48号）第一条暂免征收土地增值税的规定。

六、本文自2006年3月2日起执行。

财政部　国家税务总局

二〇〇六年三月二日

财政部 国家税务总局
关于土地增值税普通标准住宅有关政策的通知

财税字[2006]141 号

各省、自治区、直辖市、计划单列市财政厅(局)、地方税务局、新疆生产建设兵团财务局:

为贯彻落实《国务院办公厅转发建设部等部门关于调整住房供应结构稳定住房价格意见的通知》(国办发[2006]37 号)精神,进一步促进调整住房供应结构,增加中小套型、中低价位普通商品住房供应,现将《中华人民共和国土地增值税暂行条例》第八条中"普通标准住宅"的认定问题通知如下:

"普通标准住宅"的认定,可在各省、自治区、直辖市人民政府根据《国务院办公厅转发建设部等部门关于做好稳定住房价格工作意见的通知》(国办发[2005]26 号)制定的"普通住房标准"的范围内从严掌握。

请遵照执行。

财政部 国家税务局

二〇〇六年十月二十日

国家税务总局
关于房地产开发企业土地增值税清算管理有关问题的通知

国税发[2006]187 号

各省、自治区、直辖市和计划单列市地方税务局,西藏、宁夏自治区国家税务局:

为进一步加强房地产开发企业土地增值税清算管理工作,根据《中华人民共和国税收征收管理法》、《中华人民共和国土地增值税暂行条例》及有关规定,现就有关问题通知如下:

一、土地增值税的清算单位

土地增值税以国家有关部门审批的房地产开发项目为单位进行清算,对于分期开发的项目,以分期项目为单位清算。

开发项目中同时包含普通住宅和非普通住宅的,应分别计算增值额。

二、土地增值税的清算条件

(一) 符合下列情形之一的,纳税人应进行土地增值税的清算:

1. 房地产开发项目全部竣工、完成销售的;

2. 整体转让未竣工决算房地产开发项目的;

3. 直接转让土地使用权的。

（二）符合下列情形之一的，主管税务机关可要求纳税人进行土地增值税清算：

1. 已竣工验收的房地产开发项目，已转让的房地产建筑面积占整个项目可售建筑面积的比例在85%以上，或该比例虽未超过85%，但剩余的可售建筑面积已经出租或自用的；

2. 取得销售(预售)许可证满三年仍未销售完毕的；

3. 纳税人申请注销税务登记但未办理土地增值税清算手续的；

4. 省税务机关规定的其他情况。

三、非直接销售和自用房地产的收入确定

（一）房地产开发企业将开发产品用于职工福利、奖励、对外投资、分配给股东或投资人、抵偿债务、换取其他单位和个人的非货币性资产等，发生所有权转移时应视同销售房地产，其收入按下列方法和顺序确认：

1. 按本企业在同一地区、同一年度销售的同类房地产的平均价格确定；

2. 由主管税务机关参照当地当年、同类房地产的市场价格或评估价值确定。

（二）房地产开发企业将开发的部分房地产转为企业自用或用于出租等商业用途时，如果产权未发生转移，不征收土地增值税，在税款清算时不列收入，不扣除相应的成本和费用。

四、土地增值税的扣除项目

（一）房地产开发企业办理土地增值税清算时计算与清算项目有关的扣除项目金额，应根据《土地增值税暂行条例》第六条及其实施细则第七条的规定执行。除另有规定外，扣除取得土地使用权所支付的金额、房地产开发成本、费用及与转让房地产有关税金，须提供合法有效凭证；不能提供合法有效凭证的，不予扣除。

（二）房地产开发企业办理土地增值税清算所附送的前期工程费、建筑安装工程费、基础设施费、开发间接费用的凭证或资料不符合清算要求或不实的，地方税务机关可参照当地建设工程造价管理部门公布的建安造价定额资料，结合房屋结构、用途、区位等因素，核定上述四项开发成本的单位面积金额标准，并据以计算扣除。具体核定方法由省税务机关确定。

（三）房地产开发企业开发建造的与清算项目配套的居委会和派出所用房、会所、停车场(库)、物业管理场所、变电站、热力站、水厂、文体场馆、学校、幼儿园、托儿所、医院、邮电通信等公共设施，按以下原则处理：

1. 建成后产权属于全体业主所有的，其成本、费用可以扣除；

2. 建成后无偿移交给政府、公用事业单位用于非营利性社会公共事业的，其成本、费用可以扣除；

3. 建成后有偿转让的，应计算收入，并准予扣除成本、费用。

（四）房地产开发企业销售已装修的房屋，其装修费用可以计入房地产开发成本。

房地产开发企业的预提费用，除另有规定外，不得扣除。

（五）属于多个房地产项目共同的成本费用，应按清算项目可售建筑面积占多个项目可售总建筑面积的比例或其他合理的方法，计算确定清算项目的扣除金额。

五、土地增值税清算应报送的资料

符合本通知第二条第（一）项规定的纳税人，须在满足清算条件之日起 90 日内到主管税务机关办理清算手续；符合本通知第二条第（二）项规定的纳税人，须在主管税务机关限定的期限内办理清算手续。

纳税人办理土地增值税清算应报送以下资料：

（一）房地产开发企业清算土地增值税书面申请、土地增值税纳税申报表；

（二）项目竣工决算报表、取得土地使用权所支付的地价款凭证、国有土地使用权出让合同、银行贷款利息结算通知单、项目工程合同结算单、商品房购销合同统计表等与转让房地产的收入、成本和费用有关的证明资料；

（三）主管税务机关要求报送的其他与土地增值税清算有关的证明资料等。

纳税人委托税务中介机构审核鉴证的清算项目，还应报送中介机构出具的《土地增值税清算税款鉴证报告》。

六、土地增值税清算项目的审核鉴证

税务中介机构受托对清算项目审核鉴证时，应按税务机关规定的格式对审核鉴证情况出具鉴证报告。对符合要求的鉴证报告，税务机关可以采信。

税务机关要对从事土地增值税清算鉴证工作的税务中介机构在准入条件、工作程序、鉴证内容、法律责任等方面提出明确要求，并做好必要的指导和管理工作。

七、土地增值税的核定征收

房地产开发企业有下列情形之一的，税务机关可以参照与其开发规模和收入水平相近的当地企业的土地增值税税负情况，按不低于预征率的征收率核定征收土地增值税：

（一）依照法律、行政法规的规定应当设置但未设置账簿的；

（二）擅自销毁账簿或者拒不提供纳税资料的；

（三）虽设置账簿，但账目混乱或者成本资料、收入凭证、费用凭证残缺不全，难以确定转让收入或扣除项目金额的；

（四）符合土地增值税清算条件，未按照规定的期限办理清算手续，经税务机关责令限期清算，逾期仍不清算的；

（五）申报的计税依据明显偏低，又无正当理由的。

八、清算后再转让房地产的处理

在土地增值税清算时未转让的房地产，清算后销售或有偿转让的，纳税人应按规定进行土地增值税的纳税申报，扣除项目金额按清算时的单位建筑面积成本费用乘以销售或转让面积计算。

单位建筑面积成本费用＝清算时的扣除项目总金额÷清算的总建筑面积

本通知自 2007 年 2 月 1 日起执行。各省税务机关可依据本通知的规定并结合当地实际情况制定具体清算管理办法。

国家税务总局

二〇〇六年十二月二十八日

国家税务总局关于印发《土地增值税清算鉴证业务准则》的通知

国税发[2007]132 号

各省、自治区、直辖市和计划单列市国家税务局、地方税务局：

现将《土地增值税清算鉴证业务准则》印发给你们，请你们依此监督指导税务师事务所和注册税务师开展土地增值税清算鉴证业务，执行过程中如有问题，请及时上报税务总局（注册税务师管理中心）。

本准则自 2008 年 1 月 1 日起施行。

附件：

1. 涉税鉴证业务约定书（参考文本）

2. 土地增值税清算税款鉴证报告（参考文本）（适用于无保留意见的鉴证报告）

3. 土地增值税清算税款鉴证报告(参考文本)(适用于保留意见的鉴证报告)

4. 土地增值税清算税款鉴证报告(参考文本)(适用于无法表明意见的鉴证报告)

5. 土地增值税清算税款鉴证报告(参考文本)(适用于否定意见的鉴证报告)

6. 企业基本情况和土地增值税清算税款申报审核事项说明及有关附表

国家税务总局

二〇〇七年十二月二十九日

土地增值税清算鉴证业务准则

第一章 总　　则

第一条 为了规范土地增值税清算鉴证业务,根据《中华人民共和国土地增值税暂行条例》及其实施细则和《国家税务总局关于房地产开发企业土地增值税清算管理有关问题的通知》(国税发[2006]187号)以及《注册税务师管理暂行办法》及其他有关规定,制定本准则。

第二条 本准则所称土地增值税清算鉴证,是指税务师事务所接受委托对纳税人土地增值税清算税款申报的信息实施必要审核程序,提出鉴证结论或鉴证意见,并出具鉴证报告,增强税务机关对该项信息信任程度的一种鉴证业务。

第三条 纳入税务机关行政监管并通过年检的税务师事务所,均可从事土地增值税清算鉴证工作。

第四条 在接受委托前,税务师事务所应当初步了解业务环境。业务环境包括:业务约定事项、鉴证对象特征、使用的标准、预期使用者的需求、责任方及其环境的相关特征,以及可能对鉴证业务产生重大影响的事项、交易、条件和惯例及其他事项。

第五条 承接土地增值税清算鉴证业务,应当具备下列条件:

(一) 接受委托的清算项目符合土地增值税的清算条件。

(二) 税务师事务所符合独立性和专业胜任能力等相关专业知识和职业道德规范的要求。

(三) 税务师事务所能够获取充分、适当、真实的证据以支持其结论并出具书面鉴证报告。

(四) 与委托人协商签订涉税鉴证业务约定书(见附件1)。

第六条　土地增值税清算鉴证的鉴证对象，是指与土地增值税纳税申报相关的会计资料和纳税资料等可以收集、识别和评价的证据及信息。具体包括：企业会计资料及会计处理、财务状况及财务报表、纳税资料及税务处理、有关文件及证明材料等。

第七条　税务师事务所运用职业判断对鉴证对象作出合理一致的评价或计量时，应当符合适当的标准。适当的评价标准应当具备相关性、完整性、可靠性、中立性和可理解性等特征。

第八条　税务师事务所从事土地增值税清算鉴证业务，应当以职业怀疑态度、有计划地实施必要的审核程序，获取与鉴证对象相关的充分、适当、真实的证据；并及时对制订的计划、实施的程序、获取的相关证据以及得出的结论作出记录。

在确定证据收集的性质、时间和范围时，应当体现重要性原则，评估鉴证业务风险以及可获取证据的数量和质量。

第九条　税务师事务所从事土地增值税清算鉴证业务，应当以法律、法规为依据，按照独立、客观、公正原则，在获取充分、适当、真实证据基础上，根据审核鉴证的具体情况，出具真实、合法的鉴证报告并承担相应的法律责任。

第十条　税务师事务所按照本准则的规定出具的鉴证报告，税务机关应当受理。

第十一条　税务师事务所执行土地增值税清算鉴证业务，应当遵守本准则。

第二章　一般规定

第十二条　税务师事务所应当要求委托人如实提供如下资料：

（一）土地增值税纳税（预缴）申报表及完税凭证。

（二）项目竣工决算报表和有关账簿。

（三）取得土地使用权所支付的地价款凭证、国有土地使用权出让或转让合同。

（四）银行贷款合同及贷款利息结算通知单。

（五）项目工程建设合同及其价款结算单。

（六）商品房购销合同统计表等与转让房地产的收入、成本和费用有关的其他证明资料。

（七）无偿移交给政府、公共事业单位用于非营利性社会公共事业的凭证。

（八）转让房地产项目成本费用、分期开发分摊依据。

（九）转让房地产有关税金的合法有效凭证。

（十）与土地增值税清算有关的其他证明资料。

第十三条 税务师事务所开展土地增值税清算鉴证业务时，应当对下列事项充分关注：

（一）明确清算项目及其范围。

（二）正确划分清算项目与非清算项目的收入和支出。

（三）正确划分清算项目中普通住宅与非普通住宅的收入和支出。

（四）正确划分不同时期的开发项目，对于分期开发的项目，以分期项目为单位清算。

（五）正确划分征税项目与免税项目，防止混淆两者的界限。

（六）明确清算项目的起止日期。

第十四条 纳税人能够准确核算清算项目收入总额或收入总额能够查实，但其成本费用支出不能准确核算的，税务师事务所应当按照本准则第三章的规定审核收入总额。

第十五条 纳税人能够准确核算成本费用支出或成本费用支出能够查实，但其收入总额不能准确核算的，税务师事务所应当先按照本准则第四章的规定审核扣除项目的金额。

第十六条 税务师事务所在审核鉴证过程中，有下列情形之一的，除符合本准则第十七条规定外，可以终止鉴证：

（一）依照法律、行政法规的规定应当设置但未设置账簿的。

（二）擅自销毁账簿或者拒不提供纳税资料的。

（三）虽设置账簿，但账目混乱或者成本资料、收入凭证、费用凭证残缺不全，难以确定转让收入或扣除项目金额的。

（四）符合土地增值税清算条件，未按照规定的期限办理清算手续，经税务机关责令限期清算，逾期仍不清算的。

（五）申报的计税依据明显偏低且无正当理由的。

（六）纳税人隐瞒房地产成交价格，其转让房地产成交价格低于房地产评估价格且无正当理由，经税务师事务所与委托人沟通，沟通无效的。

第十七条 纳税人虽有本准则第十六条所列情形，但如有下列委托人委托，税务师事务所仍然可以接受委托执行鉴证业务，但需与委托人签订涉税鉴证业务约定书：

（一）司法机关、税务机关或者其他国家机关。

（二）依法组成的清算组织。

（三）法律、行政法规规定的其他组织和个人。

第三章　清算项目收入的审核

第十八条　土地增值税清算项目收入审核的基本程序和方法包括：

（一）评价收入内部控制是否存在、有效且一贯遵守。

（二）获取或编制土地增值税清算项目收入明细表，复核加计正确，并与报表、总账、明细账及有关申报表等进行核对。

（三）了解纳税人与土地增值税清算项目相关的合同、协议及执行情况。

（四）查明收入的确认原则、方法，注意会计制度与税收规定以及不同税种在收入确认上的差异。

（五）正确划分预售收入与销售收入，防止影响清算数据的准确性。

（六）必要时，利用专家的工作审核清算项目的收入总额。

第十九条　本准则所称清算项目的收入，是指转让国有土地使用权、地上的建筑物及其附着物（以下简称房地产）并取得的全部价款及有关的经济收益，包括货币收入、实物收入和其他收入。

第二十条　税务师事务所应当按照税法及有关规定审核纳税人是否准确划分征税收入与不征税收入，确认土地增值税的应税收入。

第二十一条　土地增值税以人民币为计算单位。转让房地产所取得的收入为外国货币的，以取得收入当天或当月1日国家公布的市场汇价折合成人民币，据以计算应纳土地增值税税额。

对于以分期收款形式取得的外币收入，应当按实际收款日或收款当月1日国家公布的市场汇价折合人民币。

第二十二条　有本准则第十六条第（六）款情形，但按本准则第十七条规定接受委托执行鉴证业务的，税务师事务所应当获取具有法定资质的专业评估机构确认的同类房地产评估价格，以确认转让房地产的收入。

第二十三条　纳税人将开发的房地产用于职工福利、奖励、对外投资、分配给股东或投资人、抵偿债务、换取其他单位和个人的非货币性资产等，发生所有权转移时应视同销售房地产，其视同销售收入按下列方法和顺序审核确认：

（一）按本企业当月销售的同类房地产的平均价格核定。

（二）按本企业在同一地区、同一年度销售的同类房地产的平均价格确认。

（三）参照当地当年、同类房地产的市场价格或评估价值确认。

第二十四条　收入实现时间的确定，按国家税务总局有关规定执行。

第二十五条　对纳税人按县级以上人民政府的规定在售房时代收的

各项费用，应区分不同情形分别处理：

（一）代收费用计入房价向购买方一并收取的，应将代收费用作为转让房地产所取得的收入计税。实际支付的代收费用，在计算扣除项目金额时，可予以扣除，但不允许作为加计扣除的基数。

（二）代收费用在房价之外单独收取且未计入房地产价格的，不作为转让房地产的收入，在计算增值额时不允许扣除代收费用。

第二十六条 必要时，注册税务师应当运用截止性测试确认收入的真实性和准确性。审核的主要内容包括：

（一）审核企业按照项目设立的“预售收入备查簿”的相关内容，观察项目合同签订日期、交付使用日期、预售款确认收入日期、收入金额和成本费用的处理情况。

（二）确认销售退回、销售折扣与折让业务是否真实，内容是否完整，相关手续是否符合规定，折扣与折让的计算和会计处理是否正确。重点审查给予关联方的销售折扣与折让是否合理，是否有利用销售折扣和折让转利于关联方等情况。

（三）审核企业对于以土地使用权投资开发的项目，是否按规定进行税务处理。

（四）审核按揭款收入有无申报纳税，有无挂在往来账，如“其他应付款”，不作销售收入申报纳税的情形。

（五）审核纳税人以房换地，在房产移交使用时是否视同销售不动产申报缴纳税款。

（六）审核纳税人采用“还本”方式销售商品房和以房产补偿给拆迁户时，是否按规定申报纳税。

（七）审核纳税人在销售不动产过程中收取的价外费用，如天然气初装费、有线电视初装费等收益，是否按规定申报纳税。

（八）审核将房地产抵债转让给其他单位和个人或被法院拍卖的房产，是否按规定申报纳税。

（九）审核纳税人转让在建项目是否按规定申报纳税。

（十）审核以房地产或土地作价入股投资或联营从事房地产开发，或者房地产开发企业以其建造的商品房进行投资或联营，是否按规定申报纳税。

第四章 扣除项目的审核

第二十七条 税务师事务所应当审核纳税人申报的扣除项目是否符合《土地增值税暂行条例实施细则》第七条规定的范围。审核的内容具体包括：

（一）取得土地使用权所支付的金额。

（二）房地产开发成本，包括：土地征用及拆迁补偿费、前期工程费、建筑安装工程费、基础设施费、公共配套设施费、开发间接费用。

（三）房地产开发费用。

（四）与转让房地产有关的税金。

（五）国家规定的其他扣除项目。

第二十八条 扣除项目审核的基本程序和方法包括：

（一）评价与扣除项目核算相关的内部控制是否存在、有效且一贯遵守。

（二）获取或编制扣除项目明细表，并与明细账、总账及有关申报表核对是否一致。

（三）审核相关合同、协议和项目预（概）算资料，并了解其执行情况，审核成本、费用支出项目。

（四）审核扣除项目的记录、归集是否正确，是否取得合法、有效的凭证，会计及税务处理是否正确，确认扣除项目的金额是否准确。

（五）实地查看、询问调查和核实。剔除不属于清算项目所发生的开发成本和费用。

（六）必要时，利用专家审核扣除项目。

第二十九条 审核各项扣除项目分配或分摊的顺序和标准是否符合下列规定，并确认扣除项目的具体金额：

（一）扣除项目能够直接认定的，审核是否取得合法、有效的凭证。

（二）扣除项目不能够直接认定的，审核当期扣除项目分配标准和口径是否一致，是否按照规定合理分摊。

（三）审核并确认房地产开发土地面积、建筑面积和可售面积，是否与权属证、房产证、预售证、房屋测绘所测量数据、销售记录、销售合同、有关主管部门的文件等载明的面积数据相一致，并确定各项扣除项目分摊所使用的分配标准。

如果上述性质相同的三类面积所获取的各项证据发生冲突、不能相互印证时，税务师事务所应当追加审核程序，并按照外部证据比内部证据更可靠的原则，确认适当的面积。

（四）审核并确认扣除项目的具体金额时，应当考虑总成本、单位成本、可售面积、累计已售面积、累计已售分摊成本、未售分摊成本（存货）等因素。

第三十条 取得土地使用权支付金额的审核,应当包括下列内容。

(一) 审核取得土地使用权支付的金额是否获取合法有效的凭证,口径是否一致。

(二) 如果同一土地有多个开发项目,审核取得土地使用权支付金额的分配比例和具体金额的计算是否正确。

(三) 审核取得土地使用权支付金额是否含有关联方的费用。

(四) 审核有无将期间费用记入取得土地使用权支付金额的情形。

(五) 审核有无预提的取得土地使用权支付金额。

(六) 比较、分析相同地段、相同期间、相同档次项目,判断其取得土地使用权支付金额是否存在明显异常。

第三十一条 土地征用及拆迁补偿费的审核,应当包括下列内容:

(一) 审核征地费用、拆迁费用等实际支出与概预算是否存在明显异常。

(二) 审核支付给个人的拆迁补偿款所需的拆迁(回迁)合同和签收花名册,并与相关账目核对。

(三) 审核纳税人在由政府或者他人承担已征用和拆迁好的土地上进行开发的相关扣除项目,是否按税收规定扣除。

第三十二条 前期工程费的审核,应当包括下列内容:

(一) 审核前期工程费的各项实际支出与概预算是否存在明显异常。

(二) 审核纳税人是否虚列前期工程费,土地开发费用是否按税收规定扣除。

第三十三条 建筑安装工程费的审核,应当包括下列内容:

(一) 出包方式。重点审核完工决算成本与工程概预算成本是否存在明显异常。当二者差异较大时,应当追加下列审核程序,以获取充分、适当、真实的证据:

1. 从合同管理部门获取施工单位与开发商签订的施工合同,并与相关账目进行核对;

2. 实地查看项目工程情况,必要时,向建筑监理公司取证;

3. 审核纳税人是否存在利用关联方(尤其是各企业适用不同的征收方式、不同税率,不同时段享受税收优惠时)承包或分包工程,增加或减少建筑安装成本造价的情形。

(二) 自营方式。重点审核施工所发生的人工费、材料费、机械使用费、其他直接费和管理费支出是否取得合法有效的凭证,是否按规定进行会计处理和税务处理。

第三十四条　基础设施费和公共配套设施费的审核，应当包括下列内容：

（一）审核各项基础设施费和公共配套设施费用是否取得合法有效的凭证。

（二）如果有多个开发项目，基础设施费和公共配套设施费用是否分项目核算，是否将应记入其他项目的费用记入了清算项目。

（三）审核各项基础设施费和公共配套设施费用是否含有其他企业的费用。

（四）审核各项基础设施费和公共配套设施费用是否含有以明显不合理的金额开具的各类凭证。

（五）审核是否将期间费用记入基础设施费和公共配套设施费用。

（六）审核有无预提的基础设施费和公共配套设施费用。

（七）获取项目概预算资料，比较、分析概预算费用与实际费用是否存在明显异常。

（八）审核基础设施费和公共配套设施应负担各项开发成本是否已经按规定分摊。

（九）各项基础设施费和公共配套设施费的分摊和扣除是否符合有关税收规定。

第三十五条　开发间接费用的审核，应当包括下列内容：

（一）审核各项开发间接费用是否取得合法有效凭证。

（二）如果有多个开发项目，开发间接费用是否分项目核算，是否将应记入其他项目的费用记入了清算项目。

（三）审核各项开发间接费用是否含有其他企业的费用。

（四）审核各项开发间接费用是否含有以明显不合理的金额开具的各类凭证。

（五）审核是否将期间费用记入开发间接费用。

（六）审核有无预提的开发间接费用。

（七）审核纳税人的预提费用及为管理和组织经营活动而发生的管理费用，是否在本项目中予以剔除。

（八）在计算加计扣除项目基数时，审核是否剔除了已计入开发成本的借款费用。

第三十六条　房地产开发费用的审核，应当包括下列内容。

（一）审核应具实列支的财务费用是否取得合法有效的凭证，除具实列支的财务费用外的房地产开发费用是否按规定比例计算扣除。

（二）利息支出的审核。企业开发项目的利息支出不能够提供金融机构证明的，审核其利息支出是否按税收规定的比例计算扣除；开发项目的利息支出能够提供金融机构证明的，应按下列方法进行审核：

1. 审核各项利息费用是否取得合法有效的凭证；

2. 如果有多个开发项目，利息费用是否分项目核算，是否将应记入其他项目的利息费用记入了清算项目；

3. 审核各项借款合同，判断其相应条款是否符合有关规定；

4. 审核利息费用是否超过按商业银行同类同期贷款利率计算的金额。

第三十七条 与转让房地产有关的税金审核，应当确认与转让房地产有关的税金及附加扣除的范围是否符合税收有关规定，计算的扣除金额是否正确。

对于不属于清算范围或者不属于转让房地产时发生的税金及附加，或者按照预售收入（不包括已经结转销售收入部分）计算并缴纳的税金及附加，不应作为清算的扣除项目。

第三十八条 国家规定的加计扣除项目的审核，应当包括下列内容：

（一）对取得土地（不论是生地还是熟地）使用权后，未进行任何形式的开发即转让的，审核是否按税收规定计算扣除项目金额，核实有无违反税收规定加计扣除的情形。

（二）对于取得土地使用权后，仅进行土地开发（如“三通一平”等），不建造房屋即转让土地使用权的，审核是否按税收规定计算扣除项目金额，是否按取得土地使用权时支付的地价款和开发土地的成本之和计算加计扣除。

（三）对于取得了房地产产权后，未进行任何实质性的改良或开发即再行转让的，审核是否按税收规定计算扣除项目金额，核实有无违反税收规定加计扣除的情形。

（四）对于县级以上人民政府要求房地产开发企业在售房时代收的各项费用，审核其代收费用是否计入房价并向购买方一并收取，核实有无将代收费用作为加计扣除的基数的情形。

第三十九条 对于纳税人成片受让土地使用权后，分期分批开发、转让房地产的，审核其扣除项目金额是否按主管税务机关确定的分摊方法计算分摊扣除。

第五章 应纳税额的审核

第四十条 税务师事务所应按照税法规定审核清算项目的收入总

额、扣除项目的金额，并确认其增值额及适用税率，正确计算应缴税款。审核程序通常包括：

（一）审核清算项目的收入总额是否符合税收规定，计算是否正确。

（二）审核清算项目的扣除金额及其增值额是否符合税收规定，计算是否正确。

1. 如果企业有多个开发项目，审核收入与扣除项目金额是否属于同一项目；

2. 如果同一个项目既有普通住宅，又有非普通住宅，审核其收入额与扣除项目金额是否分开核算；

3. 对于同一清算项目，一段时间免税、一段时间征税的，应当特别关注收入的实现时间及其扣除项目的配比。

（三）审核增值额与扣除项目之比的计算是否正确，并确认土地增值税的适用税率。

（四）审核并确认清算项目当期土地增值税应纳税额及应补或应退税额。

第六章　鉴证报告的出具

第四十一条　本准则所称的鉴证报告，是指税务师事务所按照相关法律、法规、规章及其他有关规定，在实施必要的审核程序后，出具含有鉴证结论或鉴证意见的书面报告。

第四十二条　鉴证报告的基本内容应当包括：

（一）标题。鉴证报告的标题应当统一规范为"土地增值税清算税款鉴证报告"。

（二）收件人。鉴证报告的收件人是指注册税务师按照业务约定书的要求致送鉴证报告的对象，一般是指鉴证业务的委托人。鉴证报告应当载明收件人的全称。

（三）引言段。鉴证报告的引言段应当表明委托人和受托人的责任，说明对委托事项已进行鉴证审核以及审核的原则和依据等。

（四）审核过程及实施情况。鉴证报告的审核过程及实施情况应当披露以下内容：

1. 简要评述与土地增值税清算有关的内部控制及其有效性；

2. 简要评述与土地增值税清算有关的各项内部证据和外部证据的相关性和可靠性；

3. 简要陈述对委托单位提供的会计资料及纳税资料等进行审核、验证、计算和进行职业推断的情况。

（五）鉴证结论或鉴证意见。注册税务师应当根据鉴证情况，提出鉴证结论或鉴证意见，并确认出具鉴证报告的种类。

（六）鉴证报告的要素还应当包括：

1. 税务师事务所所长和注册税务师签名或盖章；

2. 载明税务师事务所的名称和地址，并加盖税务师事务所公章；

3. 注明报告日期；

4. 注明鉴证报告的使用人；

5. 附送与土地增值税清算税款鉴证相关的审核表及有关资料。

第四十三条 税务师事务所经过审核鉴证，应当根据鉴证情况，出具真实、合法的鉴证报告。鉴证报告分为以下四种：

（一）无保留意见的鉴证报告（见附件2）。

（二）保留意见的鉴证报告（见附件3）。

（三）无法表明意见的鉴证报告（见附件4）。

（四）否定意见的鉴证报告（见附件5）。

上述鉴证报告应当附有《企业基本情况和土地增值税清算税款申报审核事项说明及有关附表》（见附件6）。

第四十四条 税务师事务所经过审核鉴证，确认涉税鉴证事项符合下列所有条件，应当出具无保留意见的鉴证报告：

（一）鉴证事项完全符合法定性标准，涉及的会计资料及纳税资料遵从了国家法律、法规及税收有关规定。

（二）注册税务师已经按本准则的规定实施了必要的审核程序，审核过程未受到限制。

（三）注册税务师获取了鉴证对象信息所需的充分、适当、真实的证据，完全可以确认土地增值税的具体纳税金额。

税务师事务所出具无保留意见的鉴证报告，可以作为办理土地增值税清算申报或审批事宜的依据。

第四十五条 税务师事务所经过审核鉴证，认为涉税鉴证事项总体上符合法定性标准，但还存在下列情形之一的，应当出具保留意见的鉴证报告：

（一）部分涉税事项因税收法律、法规及其具体政策规定或执行时间不够明确。

（二）经过咨询或询证，对鉴证事项所涉及的具体税收政策在理解上与税收执法人员存在分歧，需要提请税务机关裁定。

（三）部分涉税事项因审核范围受到限制，不能获取充分、适当、真实的证据，虽然影响较大，但不至于出具无法表明意见的鉴证报告。

税务师事务所应当对能够获取充分、适当、真实证据的部分涉税事项，确认其土地增值税的具体纳税金额，并对不能确认具体金额的保留事项予以说明，提请税务机关裁定。

税务师事务所出具的保留意见的鉴证报告，可以作为办理土地增值税清算申报或审批事宜的依据。

第四十六条 税务师事务所因审核范围受到限制，认为对企业土地增值税纳税申报可能产生的影响非常重大和广泛，以至于无法对土地增值税纳税申报发表意见，应当出具无法表明意见的鉴证报告。

税务师事务所出具的无法表明意见的鉴证报告，不能作为办理土地增值税清算申报或审批事宜的依据。

第四十七条 税务师事务所经过审核鉴证，发现涉税事项总体上没有遵从法定性标准，存在违反相关法律、法规或税收规定的情形，经与被审核单位的治理层、管理层沟通或磋商，在所有重大方面未能达成一致意见，不能真实、合法的反映鉴证结果的，应当出具否定意见的鉴证报告。

税务师事务所出具否定意见的鉴证报告，不能作为办理土地增值税清算申报或审批事宜的依据。

附件1：涉税鉴证业务约定书(参考文本)

编号：________

甲方(委托方)：

甲方税务登记号：

乙方(受托方)：

乙方税务师事务所执业证编号：

兹有甲方委托乙方提供土地增值税清算涉税鉴证业务，依据《中华人民共和国合同法》及有关规定，经双方协商，达成以下约定：

一、委托事项

(一) 项目名称：

(二) 具体内容及要求：

(三) 完成时间：

二、甲方的责任与义务

(一) 甲方的责任

1. 根据《中华人民共和国税收征收管理法》及有关规定，甲方有责任保证会计资料及纳税资料的真实性和完整性。

2. 按照现行税收法律、法规和政策规定依法履行纳税义务是甲方的责任。这种责任还应当包括：

(1) 建立、完善并有效实施与会计核算、纳税申报相关的内部控制。

(2) 符合会计准则及有关规定。

(3) 严格按照税收规定进行纳税调整。

3. 甲方不得授意乙方人员实施违反国家法律、法规的行为。

4. 基于重要性原则、截止性测试的性质和审核过程中的其他固有限制，以及甲方内部控制的固有局限性，经乙方审核后仍然可能存在未被发现的风险，乙方出具的鉴证报告不能因此减轻甲方应当承担的法律责任。

(二) 甲方的义务

1. 按照乙方要求，及时提供完成委托事项所需的会计资料、纳税资料和其他有关资料，并保证所提供资料的真实性和完整性。

2. 确保乙方不受限制地接触任何与委托事项有关的记录、文件和所需的其他信息，并答复乙方工作人员对有关事项的询问。

3. 委托人为乙方工作人员提供必要的工作条件和协助，主要事项将由乙方于外勤工作开始前提供清单。

4. 委托人按本约定书的约定及时足额支付委托业务费用以及其他相关费用。未按规定时间支付委托费用的，应按约定金额________%的比例支付违约金。

三、乙方的责任和义务

(一) 乙方的责任

1. 乙方应严格按照现行税收相关法律、法规和政策规定以及《注册税务师管理暂行办法》及有关规定，本着独立、客观、公正的原则，对甲方提供的有关资料进行审核鉴证。

2. 乙方应当制订合理计划和实施能够获取充分、适当、真实证据的审核程序，为甲方的委托事项提供合理保证。

3. 乙方有责任在鉴证报告中指明发现的甲方违反国家法律、法规且未按乙方的建议进行调整的事项。

(二) 乙方的义务

1. 乙方应当按照约定时间完成委托事项，并出具真实、合法的鉴证报告。

2. 除下列情况外，乙方应当对执行业务过程中知悉的甲方信息予以保密：

(1) 取得甲方的授权；

(2) 根据法律法规的规定，为法律诉讼准备文件或提供证据；

(3) 监管机构对乙方进行行政处罚所实施的调查、听证、复议等程序。

3. 由于乙方过错导致甲方未按规定履行纳税义务的，乙方应当按照有关法律、法规及相关规定承担相应的法律责任。

4. 属于乙方原因未按约定时限完成委托事项并给甲方造成损失的，应当承担相应的赔偿责任。

四、约定事项的收费

(一) 按照注册税务师行业收费的有关规定，完成本委托事项费用为人民币(大写)________元整(￥________)。

(二) 上述费用自本约定书生效之日起________日内预付业务费用总额的________%；其余费用按________方式支付。

(三) 由于无法预见的原因，导致从事本委托事项完成的实际时间较本约定书签订时预计的时间有明显的增加或减少时，甲乙双方应通过协商，相应调整本约定书第四款第(一)项所述业务费用总额。

(四) 由于无法预见的原因，导致乙方人员抵达甲方工作现场后，本约定书项目不再进行，甲方不得要求退还预付的业务费用；如上述情况发生于乙方人员完成现场审核工作之后，甲方应另行向乙方支付人民币________元的补偿费，该补偿费应于甲方收到乙方的收款通知之日起________日内支付。

(五) 由于无法预见的原因，发生的与本次委托事项有关的其他费用(包括交通、食宿费等)，由双方协商解决。

五、鉴证报告的出具和使用

(一) 乙方应当按照国家发布的相关业务准则所规定的格式和类型，出具真实、合法的鉴证报告。

(二) 乙方向甲方出具鉴证报告一式________份。

(三) 甲方不得修改或删减乙方出具的鉴证报告；不得修改或删除重要的数据、重要的附件和所作的重要说明。

六、约定事项的变更

如果出现不可预见的情形，影响审核鉴证工作如期完成，或需要提前出具审核报告时，甲乙双方均可要求变更约定事项，但应提前通知对方，并由双方协商解决。

七、约定事项的终止

(一) 本约定书签订后，双方应当按约履行，不得无故终止。如遇法定情形或特殊原因提出终止的一方应提前通知另一方，并由双方协商解决。

（二）在终止业务约定的情况下，乙方有权就本约定书终止之日前对约定事项所付出的劳动收取合理的费用。

八、适用法律和争议解决

本约定书的所有方面均应适用中华人民共和国的法律进行解释并受其约束。与本约定书有关的任何纠纷或争议，双方均可选择如下一种解决方式：

（一）提交________进行仲裁；

（二）向有管辖权的人民法院提起诉讼。

九、本约定书的法律效力

（一）本约定书经双方法定代表人签字或盖章并加盖单位公章之日起生效，并在双方履行完成约定事项后终止。

（二）本约定书一式二份，甲乙方各执一份，具有同等法律效力。

十、其他事项的约定

本约定书未尽事宜，经双方协商另行签订的补充协议，与本约定书具有同等法律效力。

甲方（委托人）：	乙方：
（盖章）	（盖章）
法人代表：（签名或盖章）	所长：（签名或盖章）
地址：	地址：
电话：	电话：
联系人：	联系人：
签约日期：	
签约地点：	

附件2：土地增值税清算税款鉴证报告（参考文本）

（适用于无保留意见的鉴证报告）

编号：________

__________公司：

我们接受委托，于××年××月××日至××年××月××日，对贵单位________（项目）土地增值税清算税款申报进行鉴证审核。贵单位的责任，对所提供的与土地增值税清算税款相关的会计资料及证明材料的真实性、合法性和完整性负责。我们的责任是，按照国家法律、法规及有关规定，对所鉴证的土地增值税纳税申报表及其有关资料的真实性和准确性，在进行职业判断和必要的审核程序的基础上，出具真实、合法的鉴证报告。

在审核过程中，我们本着独立、客观、公正的原则，依据《中华人民共和国土地增值税暂行条例》及其实施细则、有关政策规定，按照《土地增值税清算鉴证业务准则》的要求，实施了包括抽查会计记录等必要的审核程序。现将鉴证结果报告如下：

一、土地增值税清算税款申报的审核过程及主要实施情况（主要披露以下内容）

（一）简要评述与土地增值税清算税款有关的内部控制及其有效性。

（二）简要评述与土地增值税清算税款有关的各项内部证据和外部证据的相关性和可靠性。

（三）简要陈述对纳税人提供的会计资料及纳税资料等进行审核、验证、计算和进行职业推断的情况。

二、鉴证结论

经对贵公司________（项目）土地增值税清算税款申报进行审核，我们确认：

1. 收入总额：________元；

2. 扣除项目金额：________元；

3. 增值额：________元；

4. 增值率（增值额与扣除金额之比）：________%；

5. 适用税率：________%；

6. 应缴土地增值税税额：________元；

7. 已缴土地增值税税额：________元；

8. 应补（退）缴土地增值税税额：________元。

清算事项的具体情况详见附件。

本鉴证报告仅供贵公司报送的主管税务机关受理土地增值税清算审批之用，不得作为其他用途。非法律、行政法规规定，鉴证报告的全部内容不得提供给其他任何单位和个人。

税务师事务所所长（签名或盖章）：

中国注册税务师（签名或盖章）：

地址：

________税务师事务所（盖章）

______年____月____日

附件：

1. 税务师事务所和注册税务师执业证书复印件。
2. 企业基本情况和土地增值税清算税款申报审核事项说明。
3. 土地增值税纳税申报鉴证主表及其明细项目审核表。具体包括：

(1) 土地增值税清算税款鉴证主表；

(2) 土地增值税清算税款鉴证(转让土地使用权)明细表；

(3) 土地增值税清算税款鉴证(销售普通住宅)明细表；

(4) 土地增值税清算税款鉴证(销售非普通住宅)明细表；

(5) 与收入相关的面积审核调整明细表；

(6) 转让土地使用权、房地产销售收入审核调整明细表；

(7) 扣除项目及成本结转审核汇总表；

(8) 与转让土地使用权、销售房地产有关税费审核调整明细表；

(9) 土地增值税缴纳情况审核汇总表。

4. 土地增值税清算税款申报审核事项有关证明材料(复印件)。

附件3：土地增值税清算税款鉴证报告(参考文本)

(适用于保留意见的鉴证报告)

编号：________

__________公司：

我们接受委托，于××年××月××日至××年××月××日，对贵单位________(项目)土地增值税清算税款申报进行鉴证审核。贵单位的责任，对所提供的与土地增值税清算税款相关的会计资料及证明材料的真实性、合法性和完整性负责。我们的责任是，按照国家法律、法规及有关规定，对所鉴证的土地增值税纳税申报表及其有关资料的真实性和准确性，在进行职业判断和必要的审核程序的基础上，出具真实、合法的鉴证报告。

在审核过程中，我们本着独立、客观、公正的原则，依据《中华人民共和国土地增值税暂行条例》及其实施细则、有关政策规定，按照《土地增值税清算鉴证业务准则》的要求，实施了包括抽查会计记录等必要的审核程序。现将鉴证结果报告如下：

一、土地增值税清算税款申报的审核过程及主要实施情况(主要披露以下内容)

(一) 简要评述与土地增值税清算税款有关的内部控制及其有效性。

(二) 简要评述与土地增值税清算税款有关的各项内部证据和外部证据的相关性和可靠性。

(三) 简要陈述对纳税人提供的会计资料及纳税资料等进行审核、验证、计算和进行职业推断的情况。

二、鉴证结论

经对贵公司________(项目)土地增值税清算税款申报进行审核,除××保留意见的事项因税收政策规定不够明确或证据不够充分等原因,尚不能确认其应纳土地增值税的具体金额外,我们确认:

1. 收入总额:________元;

2. 扣除项目金额:________元;

3. 增值额:________元;

4. 增值率(增值额与扣除金额之比)________%;

5. 适用税率:________%;

6. 应缴土地增值税税额:________元;

7. 已缴土地增值税税额:________元;

8. 应补(退)缴土地增值税税额 ______元。

清算事项的具体情况详见附件。

本鉴证报告仅供贵公司报送的主管税务机关受理土地增值税清算审批之用,不得作为其他用途。非法律、行政法规规定,鉴证报告的全部内容不得提供给其他任何单位和个人。

税务师事务所所长(签名或盖章):

中国注册税务师(签名或盖章):

地址:

________税务师事务所(盖章)

______年____月____日

附件:

1. 税务师事务所和注册税务师执业证书复印件。

2. 企业基本情况和土地增值税清算税款申报审核事项说明。

3. 土地增值税纳税申报鉴证主表及其明细项目审核表。具体包括:

(1) 土地增值税清算税款鉴证主表;

(2) 土地增值税清算税款鉴证(转让土地使用权)明细表;

(3) 土地增值税清算税款鉴证(销售普通住宅)明细表;

(4) 土地增值税清算税款鉴证(销售非普通住宅)明细表;

(5) 与收入相关的面积审核调整明细表;

(6) 转让土地使用权、房地产销售收入审核调整明细表;

(7) 扣除项目及成本结转审核汇总表;

(8) 与转让土地使用权、销售房地产有关税费审核调整明细表;

(9) 土地增值税缴纳情况审核汇总表。

4. 土地增值税清算税款申报审核事项有关证明材料(复印件)。

附件4：土地增值税清算税款鉴证报告(参考文本)

(适用于无法表明意见的鉴证报告)

编号：________

__________公司：

我们接受委托，于××年××月××日至××年××月××日，对贵单位________(项目)土地增值税清算税款申报进行鉴证审核。贵单位的责任，对所提供的与土地增值税清算税款相关的会计资料及证明材料的真实性、合法性和完整性负责。我们的责任是，按照国家法律、法规及有关规定，对所鉴证的土地增值税纳税申报表及其有关资料的真实性和准确性，在进行职业判断和必要的审核程序的基础上，出具真实、合法的鉴证报告。

在审核过程中，我们本着独立、客观、公正的原则，依据《中华人民共和国土地增值税暂行条例》及其实施细则、有关政策规定，按照《土地增值税清算鉴证业务准则》的要求，实施了包括抽查会计记录等必要的审核程序。现将鉴证结果报告如下：

一、土地增值税清算税款申报的审核过程及主要实施情况(主要披露以下内容)

(一) 简要评述与土地增值税清算税款有关的内部控制及其有效性。

(二) 简要评述与土地增值税清算税款有关的各项内部证据和外部证据的相关性和可靠性。

(三) 简要陈述对纳税人提供的会计资料及纳税资料等进行审核、验证、计算和进行职业推断的情况。

二、鉴证意见

经对贵公司________(项目)土地增值税清算税款申报进行审核，因审核范围受到限制，我们认为，下列事项对确认土地增值税税额可能产生的影响非常重大和广泛，以至于无法对(项目)土地增值税清算税款申报发表意见。

(一) ××事项的审核情况。

(详细说明该审核事项对确认土地增值税额可能产生的非常重大而广泛的影响，并阐述对该事项无法表明意见的理据。下同。)

(二) ××事项的审核情况。

(三) ××事项的审核情况。

清算项目的具体情况详见附件。

本鉴证报告仅供贵公司报送的主管税务机关受理土地增值税清算审批之用，不得作为其他用途。非法律、行政法规规定，鉴证报告的全部内容不得提供给其他任何单位和个人。

税务师事务所所长(签名或盖章)：

中国注册税务师(签名或盖章)：

地址：

________税务师事务所(盖章)

______年____月____日

附件：

1. 税务师事务所和注册税务师执业证书复印件。
2. 企业基本情况和土地增值税清算税款申报审核事项说明。
3. 土地增值税纳税申报鉴证主表及其明细项目审核表。具体包括：

(1) 土地增值税清算税款鉴证主表；

(2) 土地增值税清算税款鉴证(转让土地使用权)明细表；

(3) 土地增值税清算税款鉴证(销售普通住宅)明细表；

(4) 土地增值税清算税款鉴证(销售非普通住宅)明细表；

(5) 与收入相关的面积审核调整明细表；

(6) 转让土地使用权、房地产销售收入审核调整明细表；

(7) 扣除项目及成本结转审核汇总表；

(8) 与转让土地使用权、销售房地产有关税费审核调整明细表；

(9) 土地增值税缴纳情况审核汇总表。

4. 土地增值税清算税款申报审核事项有关证明材料(复印件)。

附件5：土地增值税清算税款鉴证报告(参考文本)

(适用于否定意见的鉴证报告)

编号：________

__________公司：

我们接受委托，于××年××月××日至××年××月××日，对贵单位________(项目)土地增值税清算税款申报进行鉴证审核。贵单位的责任，对所提供的与土地增值税清算税款相关的会计资料及证明材料的真实性、合法性和完整性负责。我们的责任是，按照国家法律、法规及有关规定，对所鉴证的土地增值税纳税申报表及其有关资料的真实性和准确性，在进行职业判断和必要的审核程序的基础上，出具真实、合法的鉴证报告。

在审核过程中，我们本着独立、客观、公正的原则，依据《中华人民共和国土地增值税暂行条例》及其实施细则、有关政策规定，按照《土地增值税清算鉴证业务准则》的要求，实施了包括抽查会计记录等必要的审核程序。现将鉴证结果报告如下：

一、土地增值税清算税款申报的审核过程及主要实施情况（主要披露以下内容）

（一）简要评述与土地增值税清算税款有关的内部控制及其有效性。

（二）简要评述与土地增值税清算税款有关的各项内部证据和外部证据的相关性和可靠性。

（三）简要陈述对纳税人提供的会计资料及纳税资料等进行审核、验证、计算和进行职业推断的情况。

二、鉴证意见

经审核，我们发现贵公司土地增值税清算税款申报，存在违反相关法律、法规及税收规定的情形，经与贵公司磋商，在下列重大且原则的问题上未能达成一致意见。我们认为，贵公司________（项目）土地增值税清算税款申报不能真实、合法地反映企业该项目应纳土地增值税税额。

（一）××事项的审核情况。

（描述存在违反税收法律、法规或有关规定的情形，并阐述经与委托人就该事项所有重大方面进行磋商不能达成一致、出具否定意见的理据。下同。）

（二）××事项的审核情况。

（三）××事项的审核情况。

清算项目的具体情况详见附件。

本鉴证报告仅供贵公司报送的主管税务机关受理土地增值税清算审批之用，不得作为其他用途。非法律、行政法规规定，鉴证报告的全部内容不得提供给其他任何单位和个人。

税务师事务所所长（签名或盖章）：

中国注册税务师（签名或盖章）：

地址：

________税务师事务所（盖章）

______年____月____日

附件：

1. 税务师事务所和注册税务师执业证书复印件。

2. 企业基本情况和土地增值税清算税款申报审核事项说明。

3. 土地增值税纳税申报鉴证主表及其明细项目审核表。具体包括：

(1) 土地增值税清算税款鉴证主表；

(2) 土地增值税清算税款鉴证(转让土地使用权)明细表;
(3) 土地增值税清算税款鉴证(销售普通住宅)明细表;
(4) 土地增值税清算税款鉴证(销售非普通住宅)明细表;
(5) 与收入相关的面积审核调整明细表;
(6) 转让土地使用权、房地产销售收入审核调整明细表;
(7) 扣除项目及成本结转审核汇总表;
(8) 与转让土地使用权、销售房地产有关税费审核调整明细表;
(9) 土地增值税缴纳情况审核汇总表。
4. 土地增值税清算税款审核事项有关证明材料(复印件)。

附件6: 企业基本情况和土地增值税清算税款申报审核事项说明及有关附表

一、基本情况
(一) 企业基本情况
1. 成立日期:
2. 税务登记证号:
(1) 国税登记证号:
(2) 地税登记证号:
3. 地址:
4. 法人代表:
5. 注册资本:
6. 投资总额:
7. 企业类型:
8. 经营范围:
9. 其他:
(二) 项目基本情况
1. 项目地址。
2. 项目概况。列明开发项目类型、占地面积、取得相关批文的情况。
3. 项目建设规模。列明总建筑面积、拆迁户回迁面积、公共配套面积、可售面积,并分别说明普通住宅、非普通住宅、其他开发项目的建设规模。
4. 项目销售情况。列明取得预售许可证情况,实际开始销售日期、截止清算基准日已售面积、未售面积,已售面积占可售面积比例等,并分别按普通住宅、非普通住宅、其他开发项目予以说明。

5. 项目设计情况。说明设计方案是否由境外机构或境外人员提供，以及项目设计的其他情况。

二、主要会计政策和税收政策

1. 公司执行会计准则或《××会计制度》及有关规定。

2. 公司会计核算方法：

3. 主要内部控制制度：

4. 土地增值税清算条件：

5. 开发产品完工的标准：

6. 成本费用的分配标准：

7. 开发产品销售收入确认的标准：

8. 开发产品视同销售确认收入的标准：

9. 与土地增值税清算项目相关的税收政策：

10. 其他政策：

三、土地增值税的审核情况

（一）土地增值税应税收入的审核

截至××年××月××日止，贵公司自报本项目土地增值税应税收入________元；经审核，核定土地增值税应税收入为________元，比自报数调增/调减________元，其中：

1. 销售普通标准住宅________平方米，取得销售收入自报应税收入________元；经审核，调增/调减收入________元，核定收入________元。

2. 销售其他项目（含非普通标准住宅________平方米，取得销售收入自报应税收入________元；经审核，调增/调减收入________元，核定收入________元。

3. 视同销售房地产收入：

（1）按本企业在同一地区、同一年度销售的同类房地产平均价格；或

（2）参照当地当年、同类房地产的市场价格、评估价值确定，自报应税收入________元；经审核，调增/调减收入________元，核定其他项目应税收入________元。

（二）土地增值税扣除项目的审核

截至××年××月××日止，贵公司自报本项目土地增值税应税扣除项目总额于________元：经审核，核定土地增值税扣除项目总额________元，比自报数调增/调减________元，其中：

1. 取得土地使用权所支付的金额。贵公司自报取得本项目的土地使用权支付金额为________元；经审核，由于××原因，应调增/调减________元，

核定允许扣除的取得土地使用权所支付的金额为________元。

2. 房地产开发成本。贵公司本项目自报房地产开发成本________元；经审核，由于××原因，应调增/调减________元，核定允许扣除的房地产开发成本为________元。其中：

(1) 贵公司自报土地征用及拆迁补偿________元；经审核，由于××原因，应调增/调减________元，核定允许扣除的土地征用及拆迁补偿为________元。

(2) 贵公司自报前期工程费________元；经审核，由于××原因，应调增/调减________元，核定允许扣除的前期工程费为________元。

(3) 贵公司自报建筑安装工程费________元；经审核，由于××原因，应调增/调减________元，核定允许扣除的建筑安装工程费为________元。

(4) 贵公司自报基础设施费________元；经审核，由于××原因，应调增/调减________元，核定允许扣除的基础设施费为________元。

(5) 贵公司自报公共配套设施费________元：经审核，由于××原因，应调增/调减________元，核定允许扣除的公共配套设施费为________元。

(6) 贵公司自报开发间接费________元：经审核，由于××原因，应调增/调减________元，核定允许扣除的开发间接费为________元。

3. 房地产开发费用。

(1) 本项目发生的财务费用中，借款利息支出能够全部提供金融机构票据证明的，应据实扣除，扣除金额为________元。其房地产开发费用按取得土地使用权所支付金额________元与开发成本________元之和的5%扣除________元。因此，贵公司此项目可扣除金额为________元。

(2) 本项目发生的财务费用中，借款利息支出未能全部提供金融机构票据的，其房地产开发费用按取得土地使用权所支付金额________元与开发成本________元之和的10%扣除________元。

因此，贵公司此项目可扣除金额为________元。

4. 与转让房地产有关的税金。

贵公司自报转让房地产有关税金为________元：经审核，应调增/调减________元，调整后贵公司可扣除的转让房地产有关税金为________元。其中：

(1) 贵公可自报转让房地产有关营业税税金为________元：经审核，应调增/调减________元，调整后贵公司可扣除的转让房地产有关营业税税金为________元。

（2）贵公司自报转让房地产有关城市维护建设税税金为________元；经审核，应调增/调减________元，调整后贵公司可扣除的转让房地产有关城市维护建设税税金为________元。

（3）贵公司自报转让房地产有关教育费附加费为________元；经审核，应调增/调减________元，调整后贵公司可扣除的转让房地产有关教育费附加费为________元。

5. 税收规定的其他扣除项目。

贵公司根据税收有关规定，允许按取得土地使用权所支付金额________元与开发成本________元之和的20%加计扣除。因此，贵公司其他扣除项目的金额为________元。

（三）增值额及增值率的审核

贵公司自报转让房地产土地增值税的增值额为________元；经审核，应缴土地增值税的增值额为________元。其中：

（1）普通住宅土地增值税的增值额为________元，增值率为________%（计算公式）

（2）非普通住宅土地增值税的增值额为________元，增值率为________%（计算公式）

（四）应缴土地增值税的审核

贵公司自报转让房地产土地增值税税额为________元；经审核，应缴土地增值税税额为________元，已缴税款为________元，应补（退）税额为________元。其中：

1. 普通住宅应缴土地增值税税额为________元；已缴税额为________元，应补（退）税额为________元

2. 非普通住宅应缴土地增值税税额为________元；已缴税额为________元，应补（退）税额为________元

四、应当披露的其他事项

附表：土地增值税清算税款鉴证主表（略）

参考文献

[1] 盖地.税务会计[M].北京：立信会计出版社，2009.

[2] 张孝光.税务会计与税务筹划(第5版)学习指导书[M].北京：中国人民大学出版社，2010.

[3] 梁伟祥.税务会计与纳税筹划[M].第2版.北京：科学出版社，2010.

[4] 熊运儿，胡蓉，陈晶.税法与税务会计[M].北京：北京理工大学出版社，2010.

[5] 姚爱群.税务会计[M].北京：清华大学出版社，2009.

[6] 盖地.税务会计实务[M].北京：经济科学出版社，2010.

[7] 艾华，孙静，万红.税务会计[M].武汉：武汉大学出版社，2010.

[8] 王峰娟，童利.税务会计[M].第2版.上海：复旦大学出版社，2010.